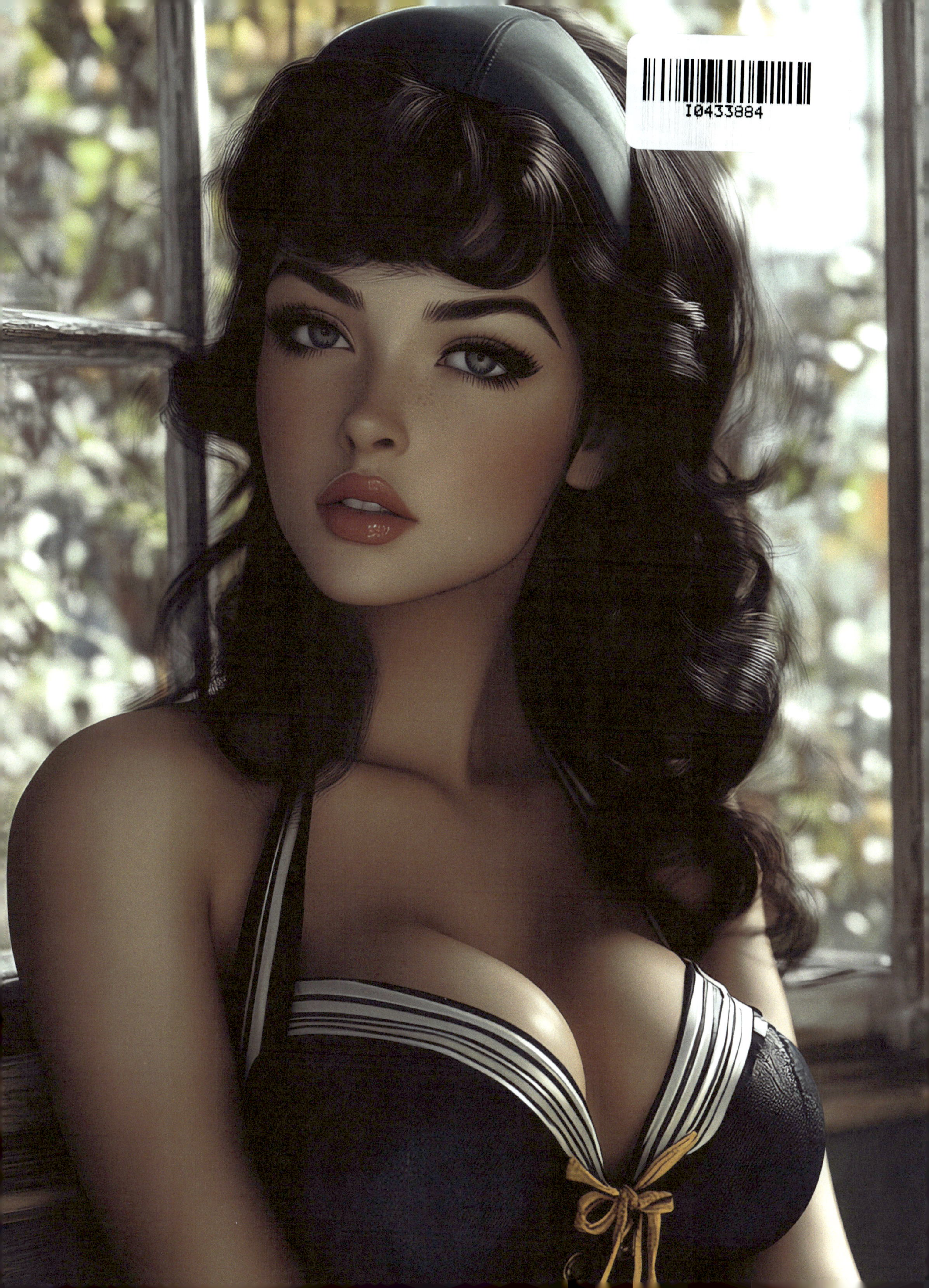

I0433884

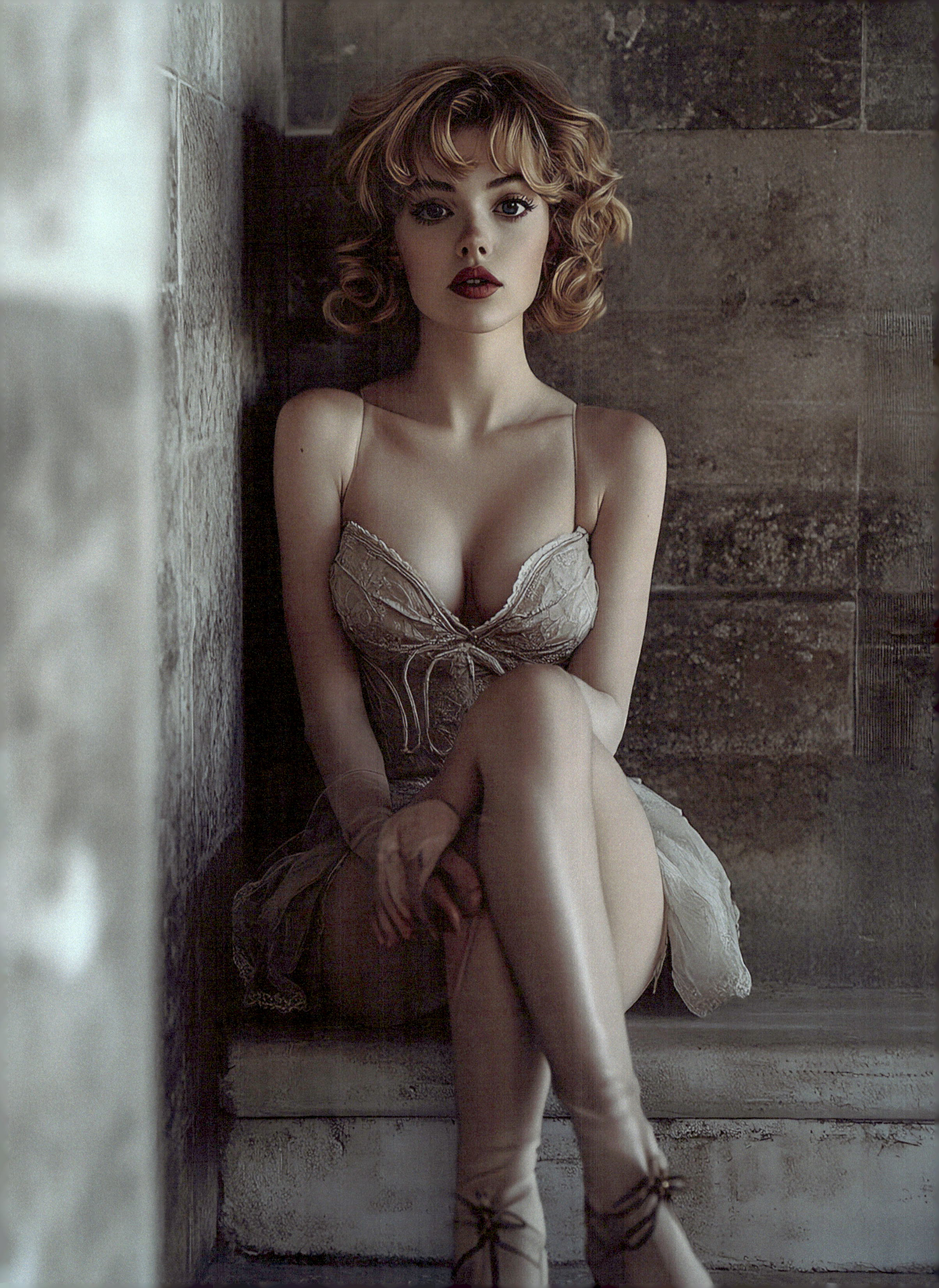

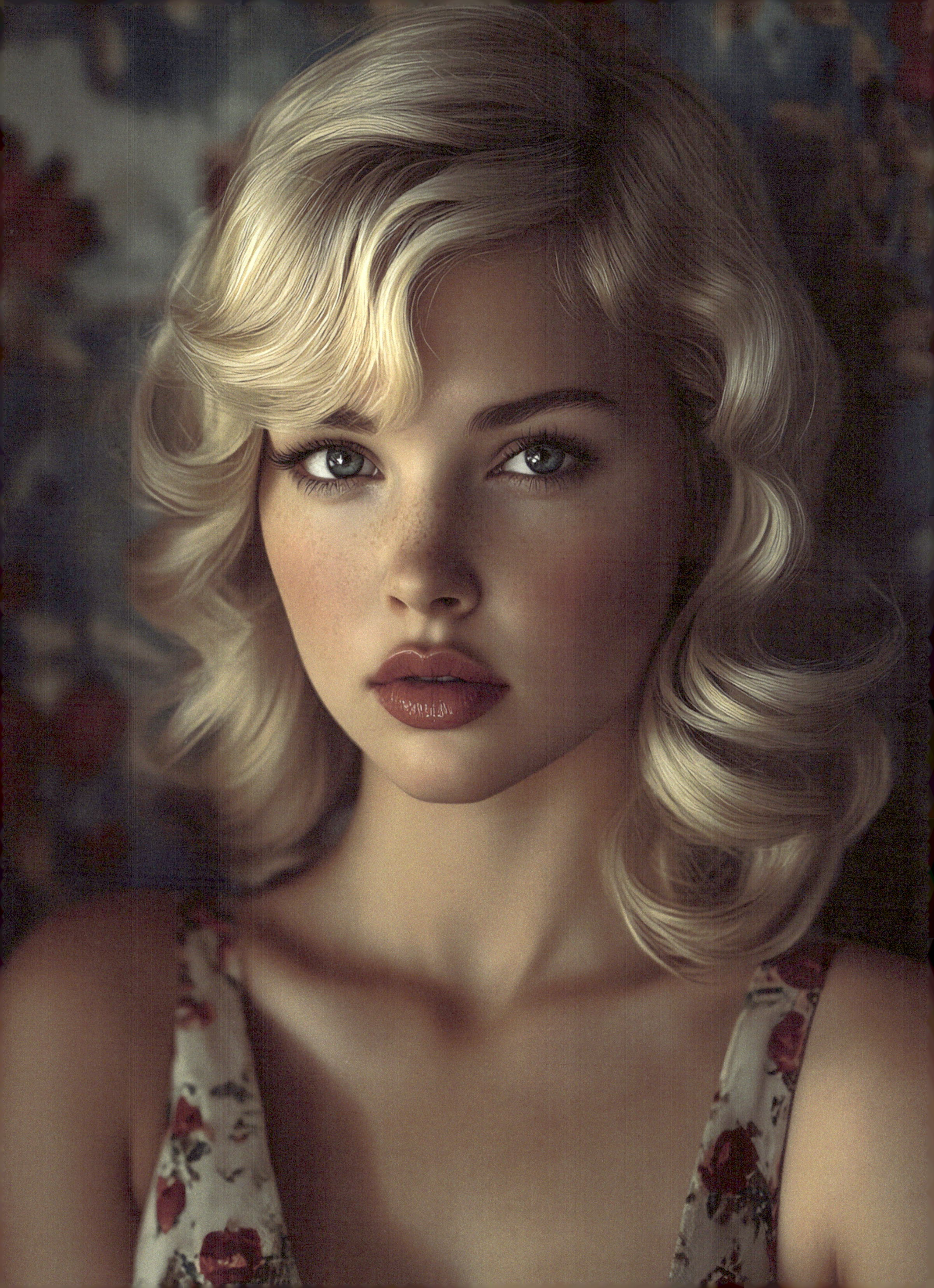

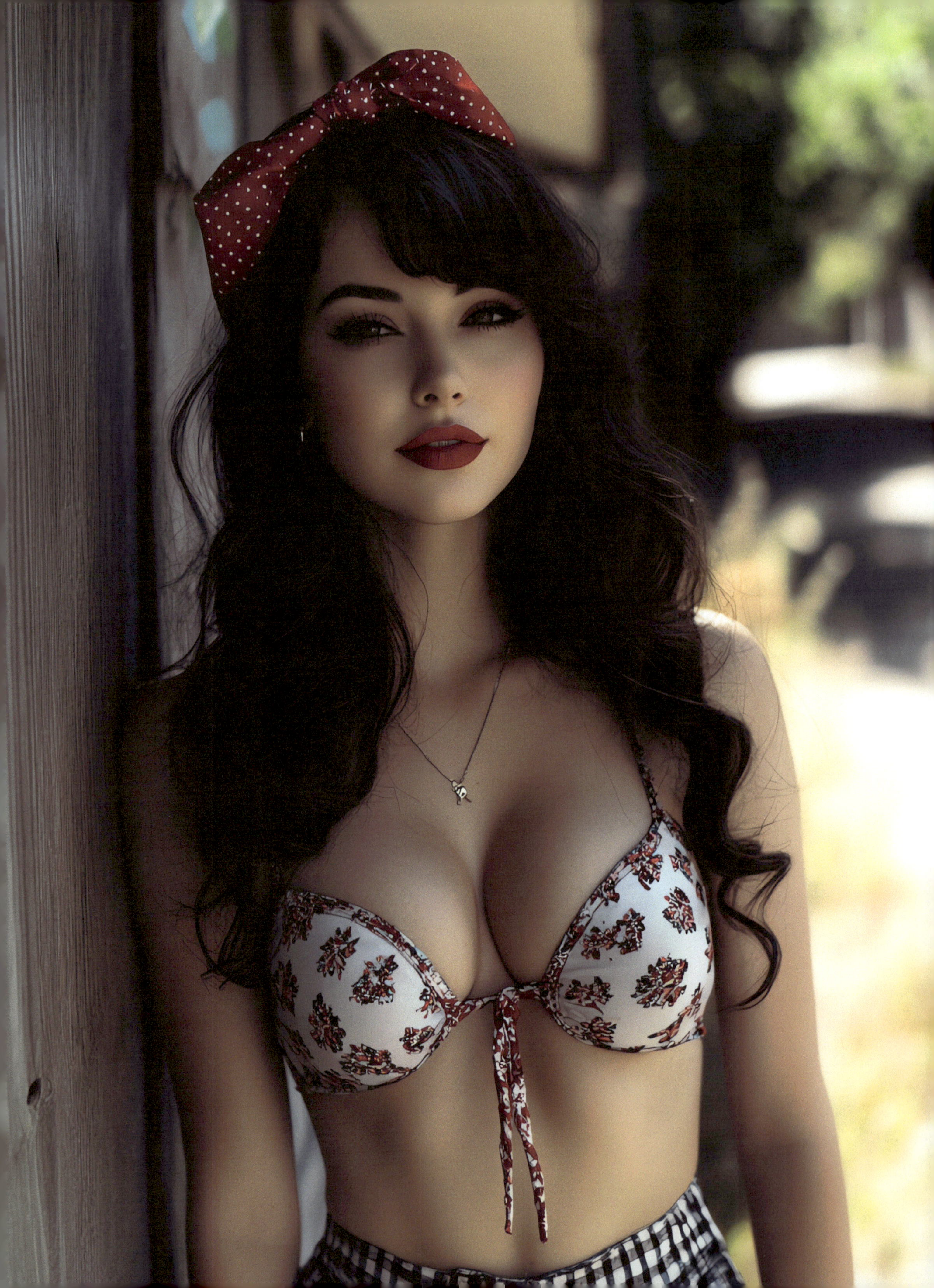

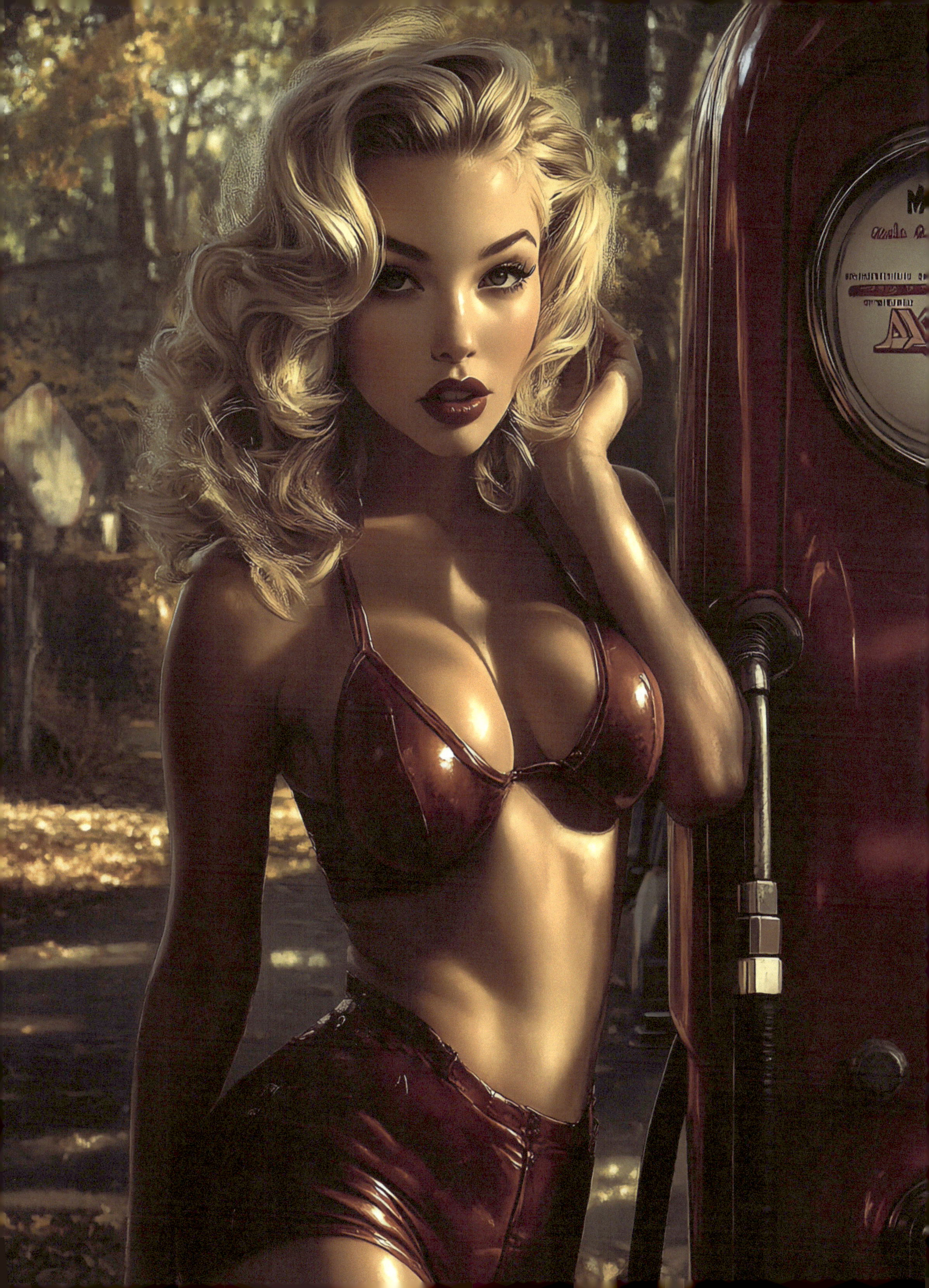

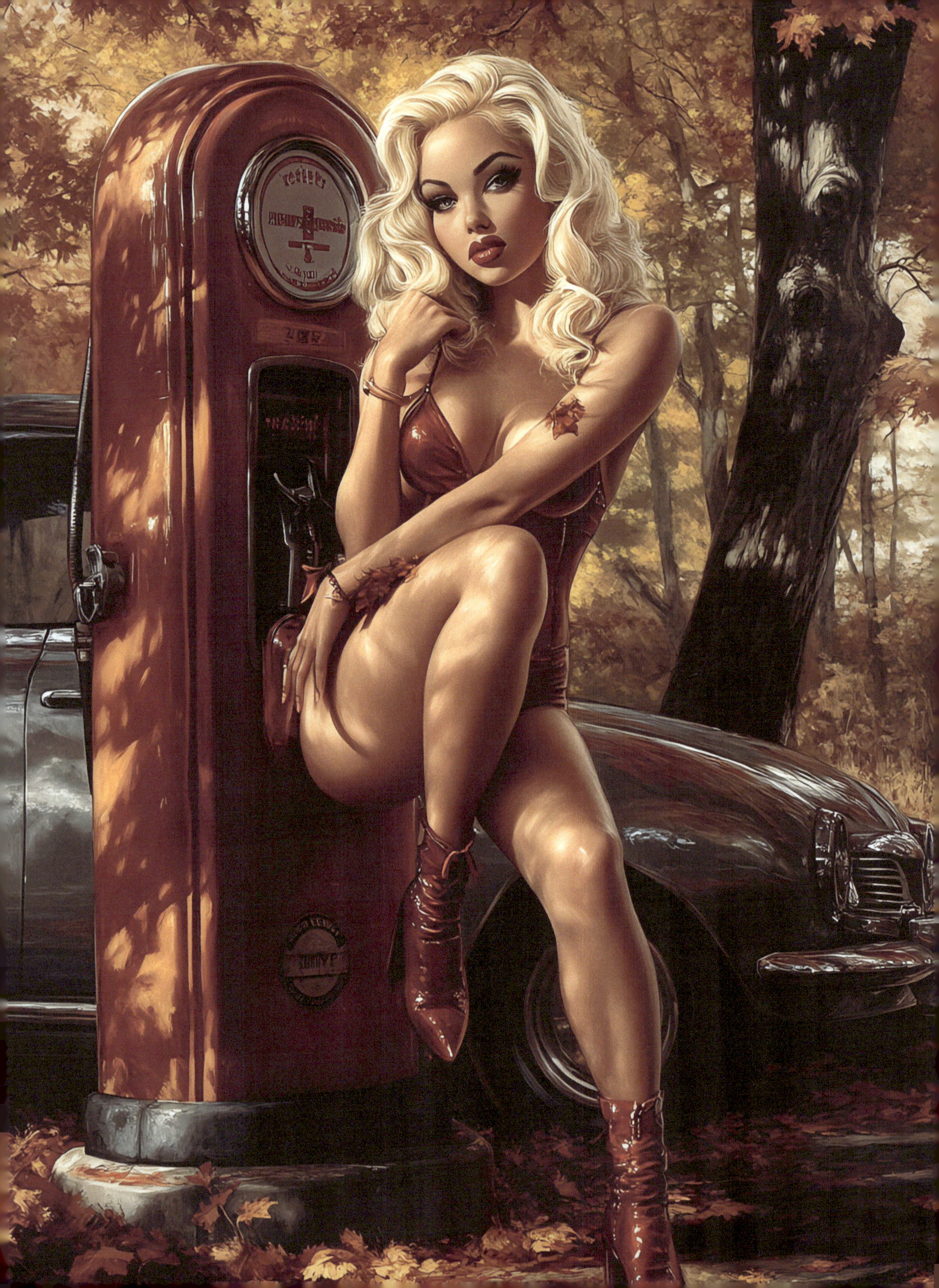

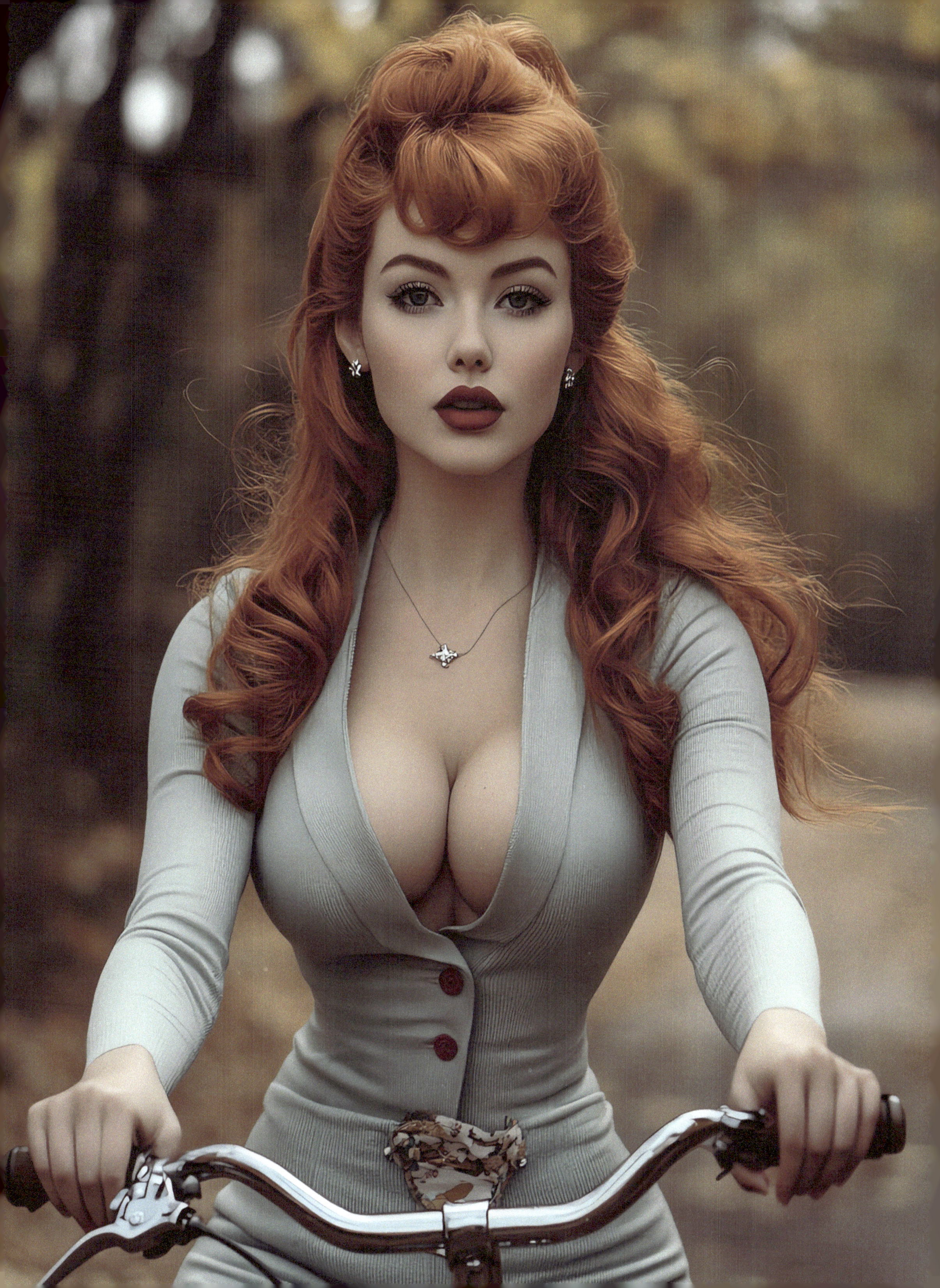

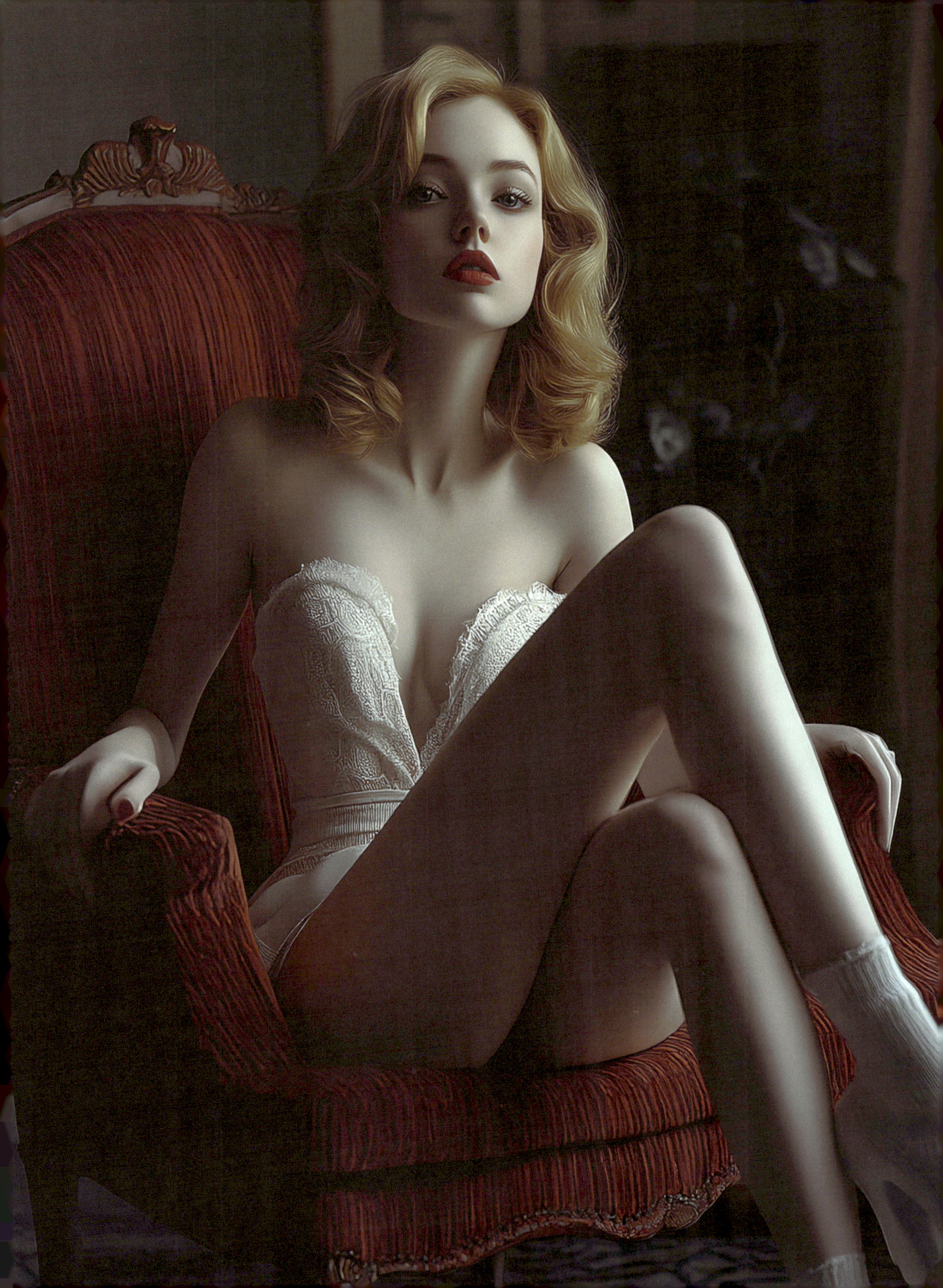

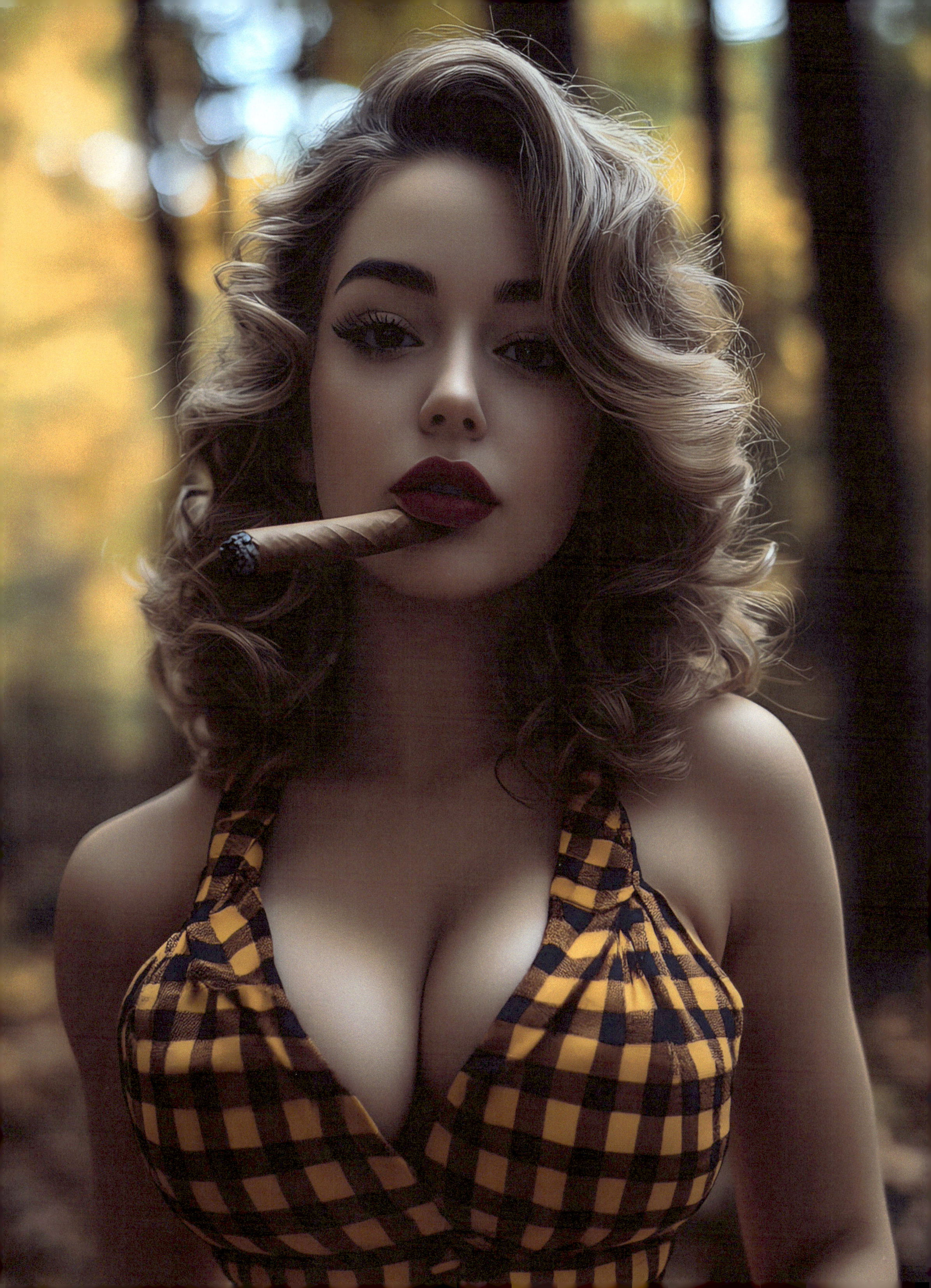

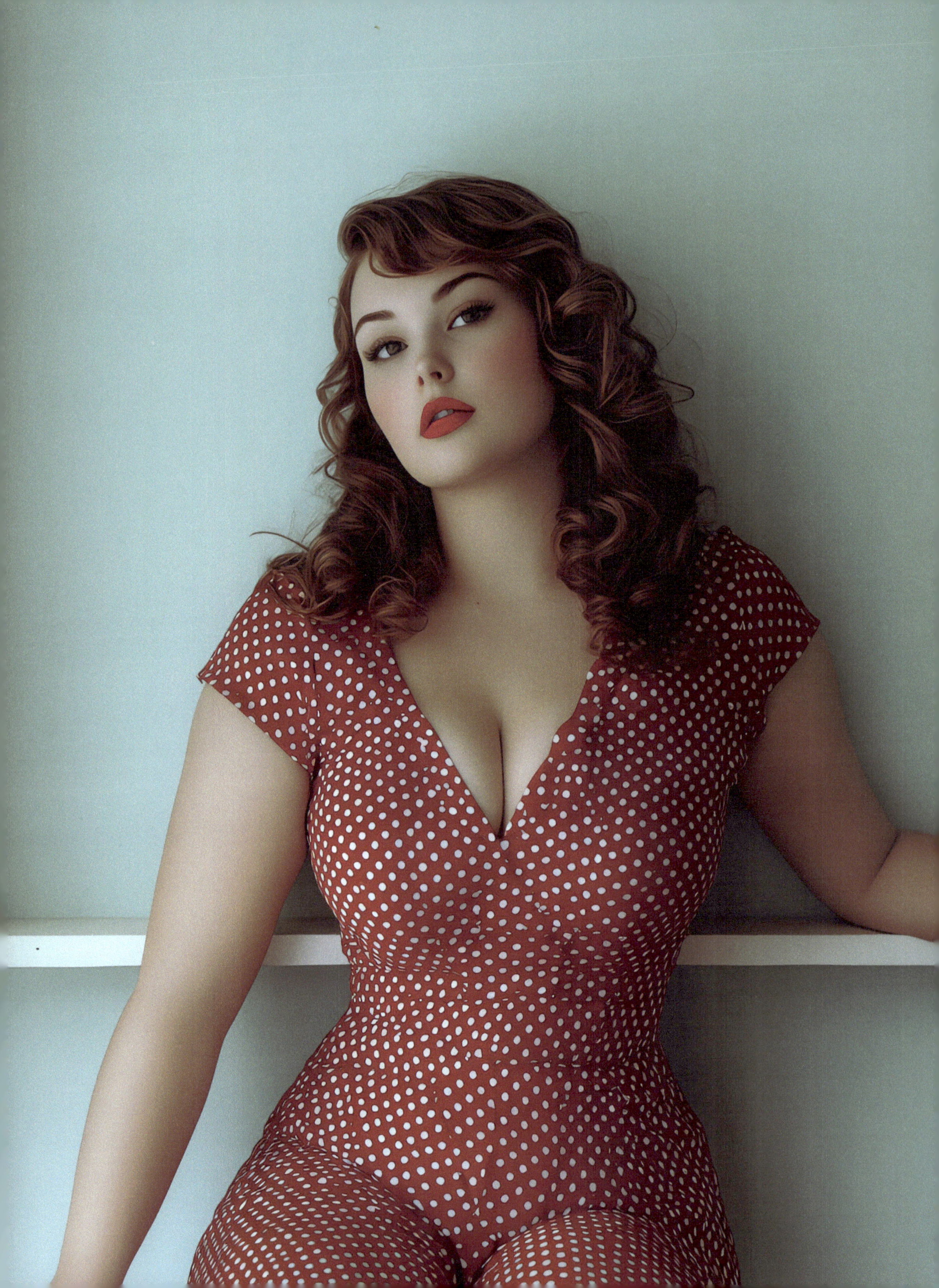

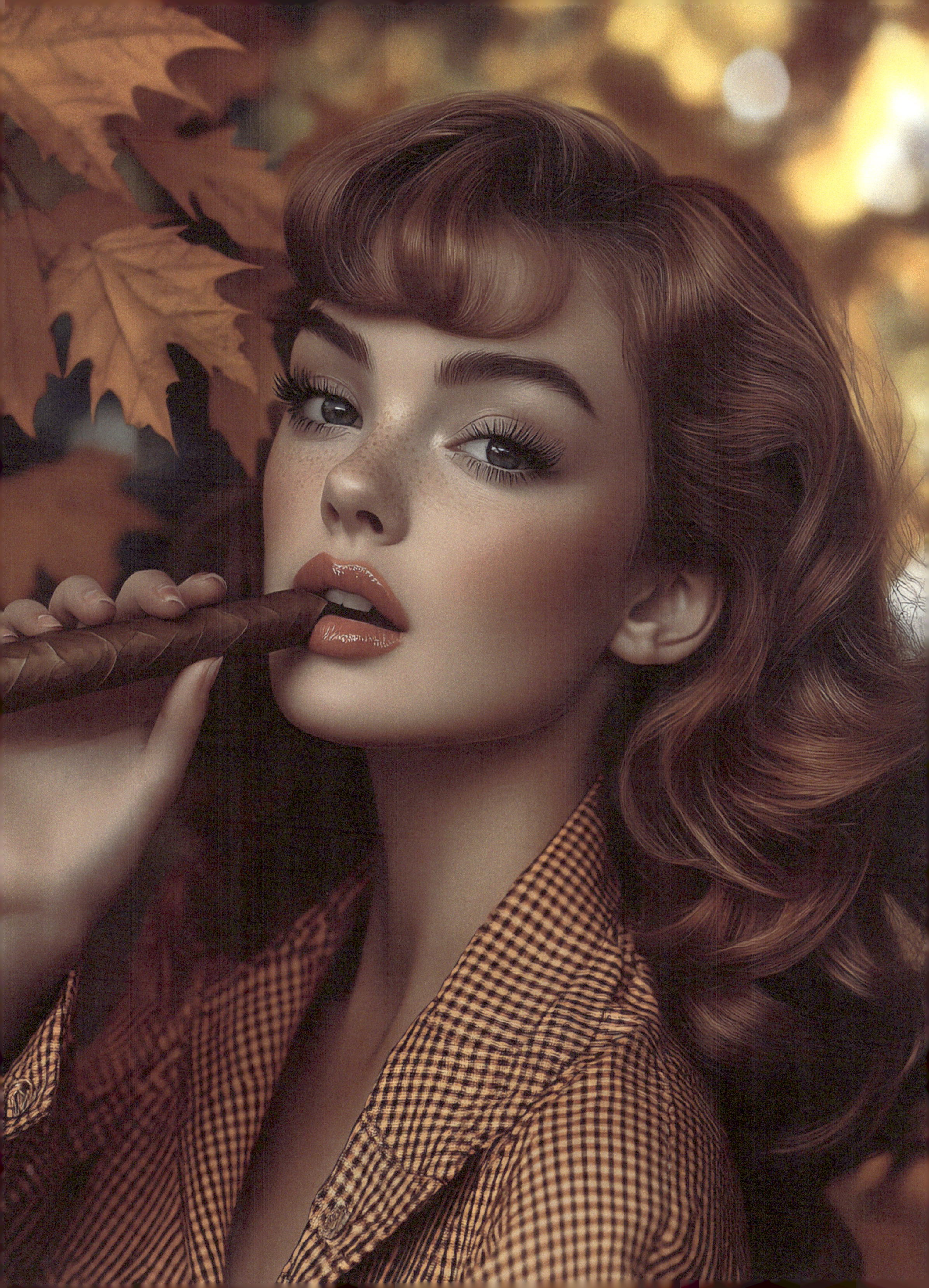

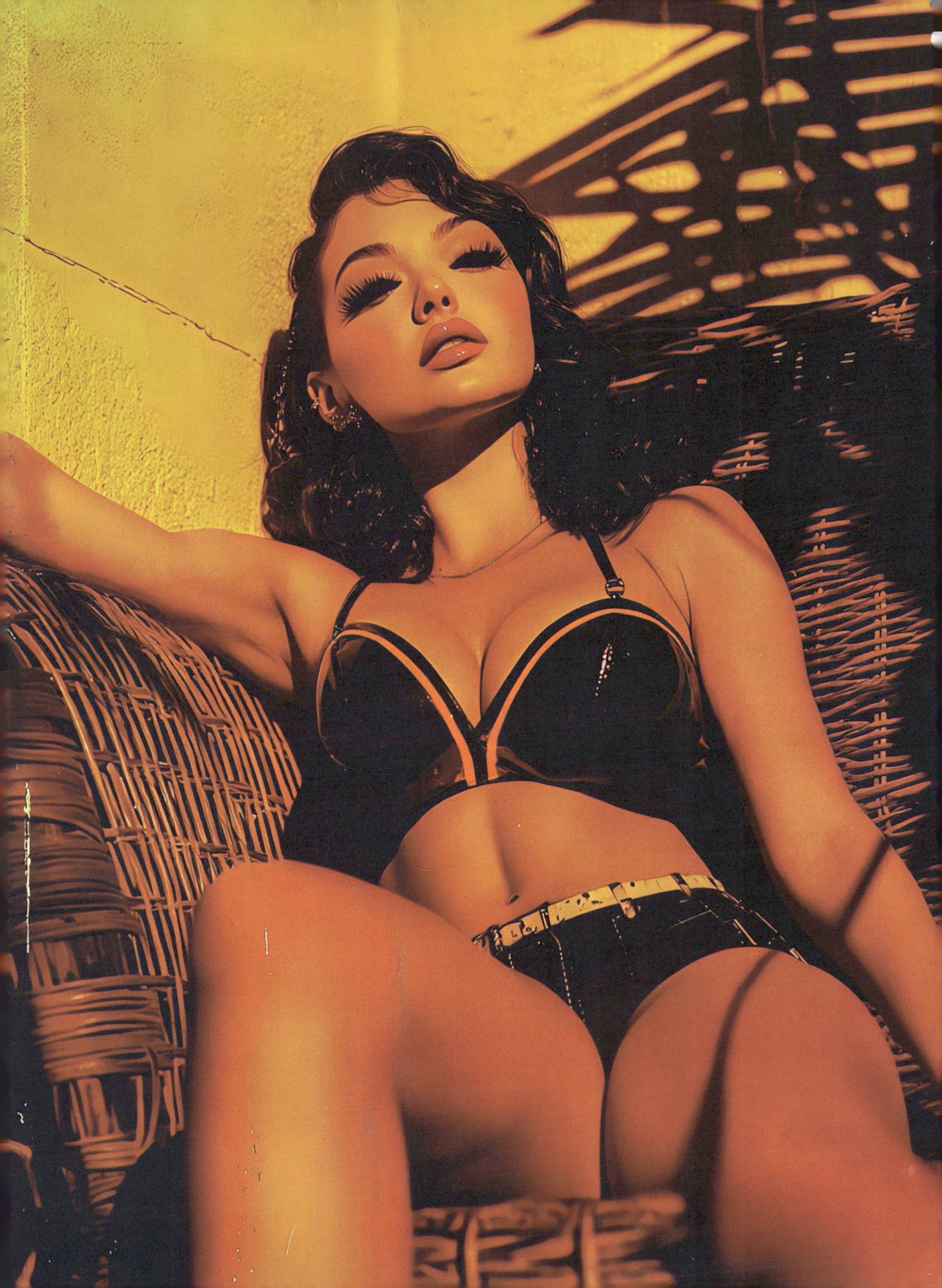

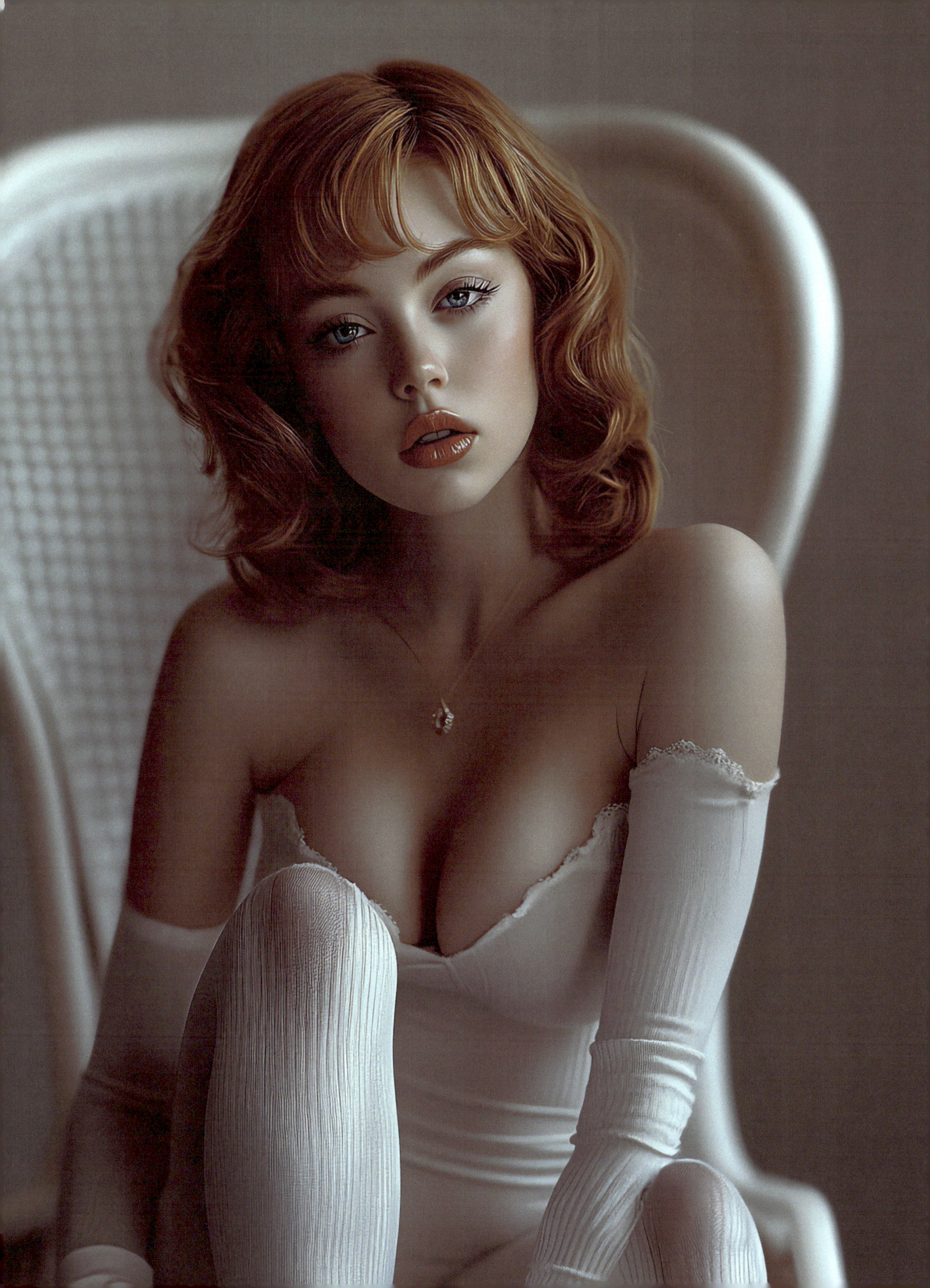

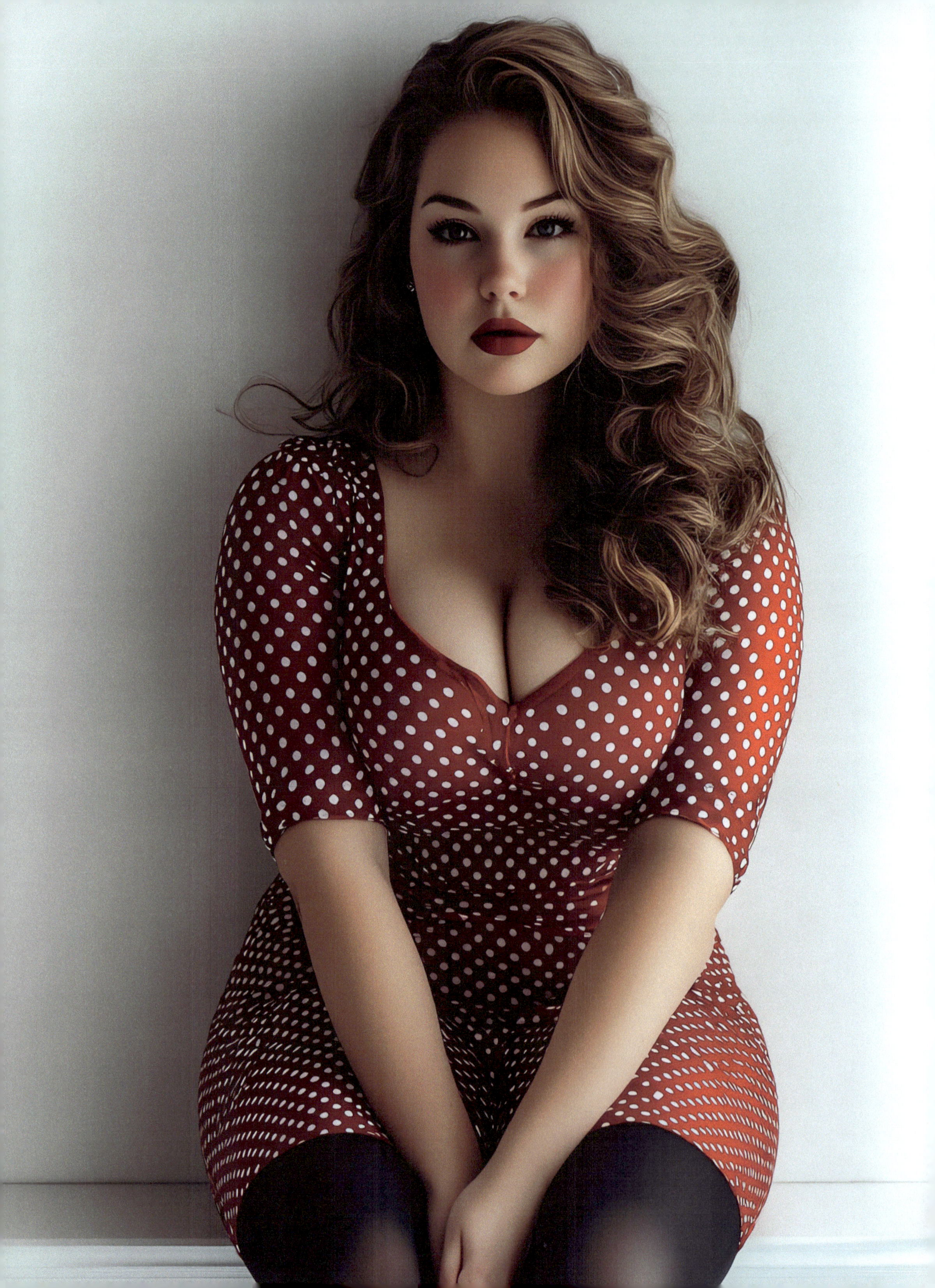

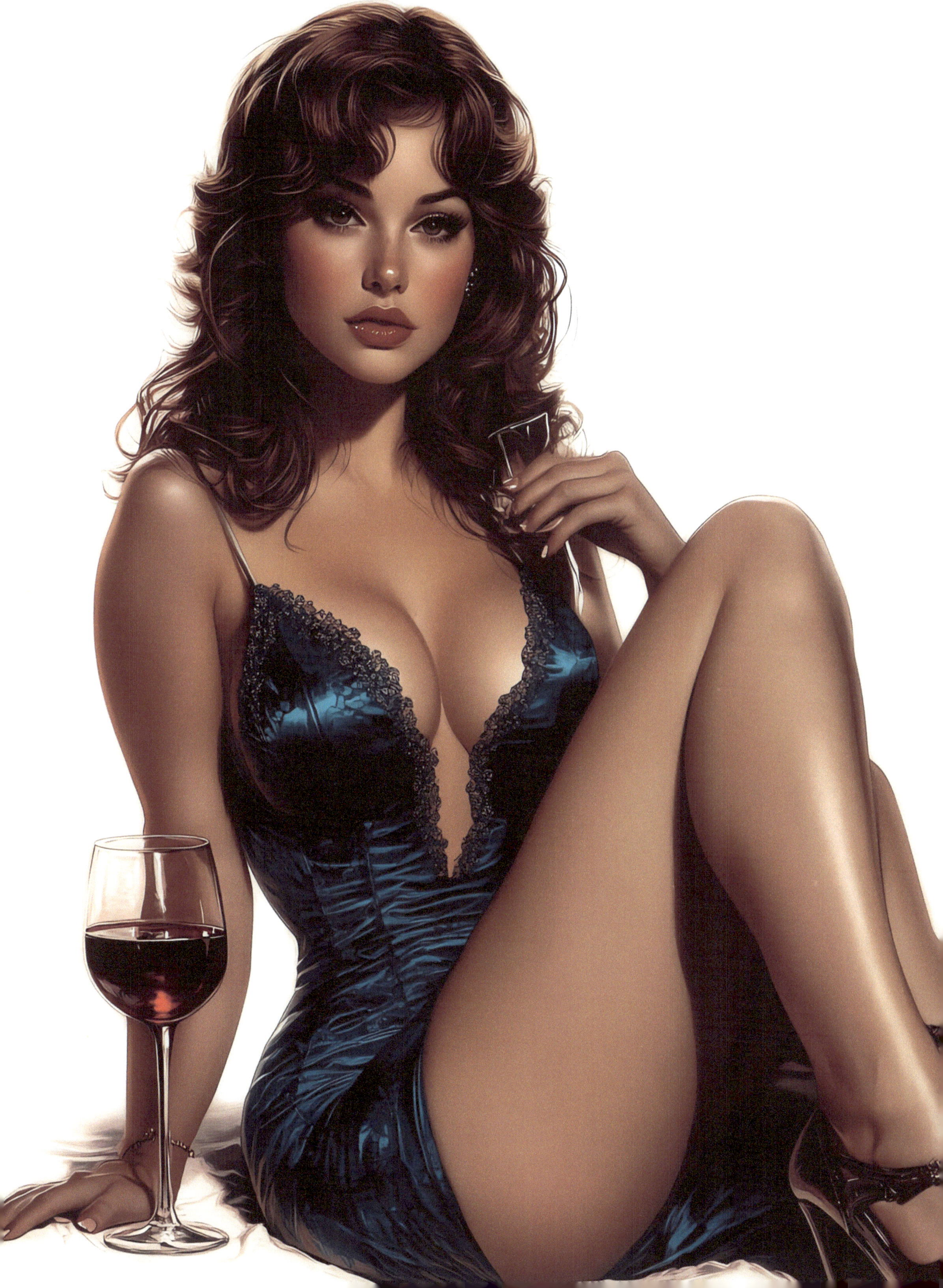

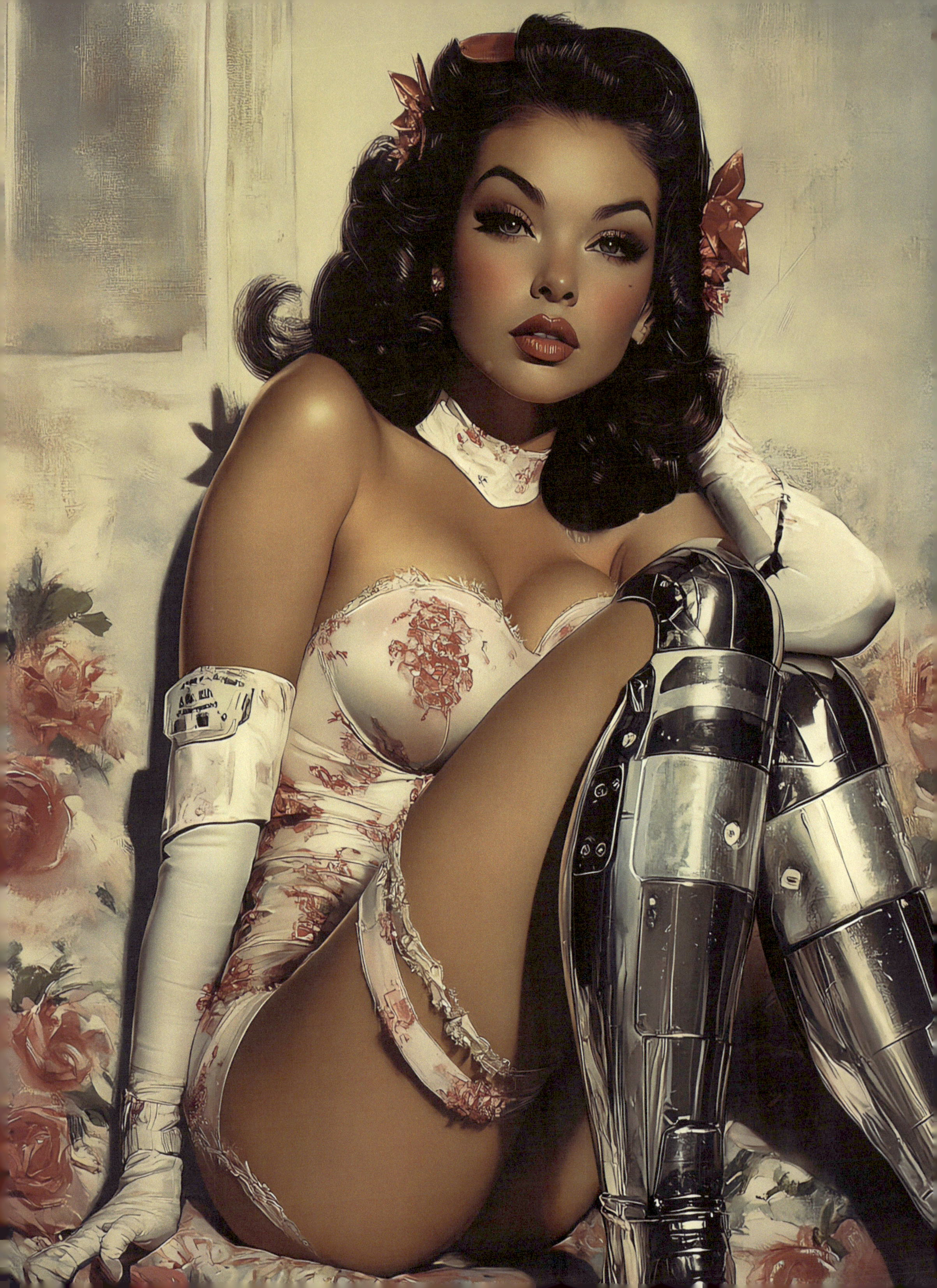

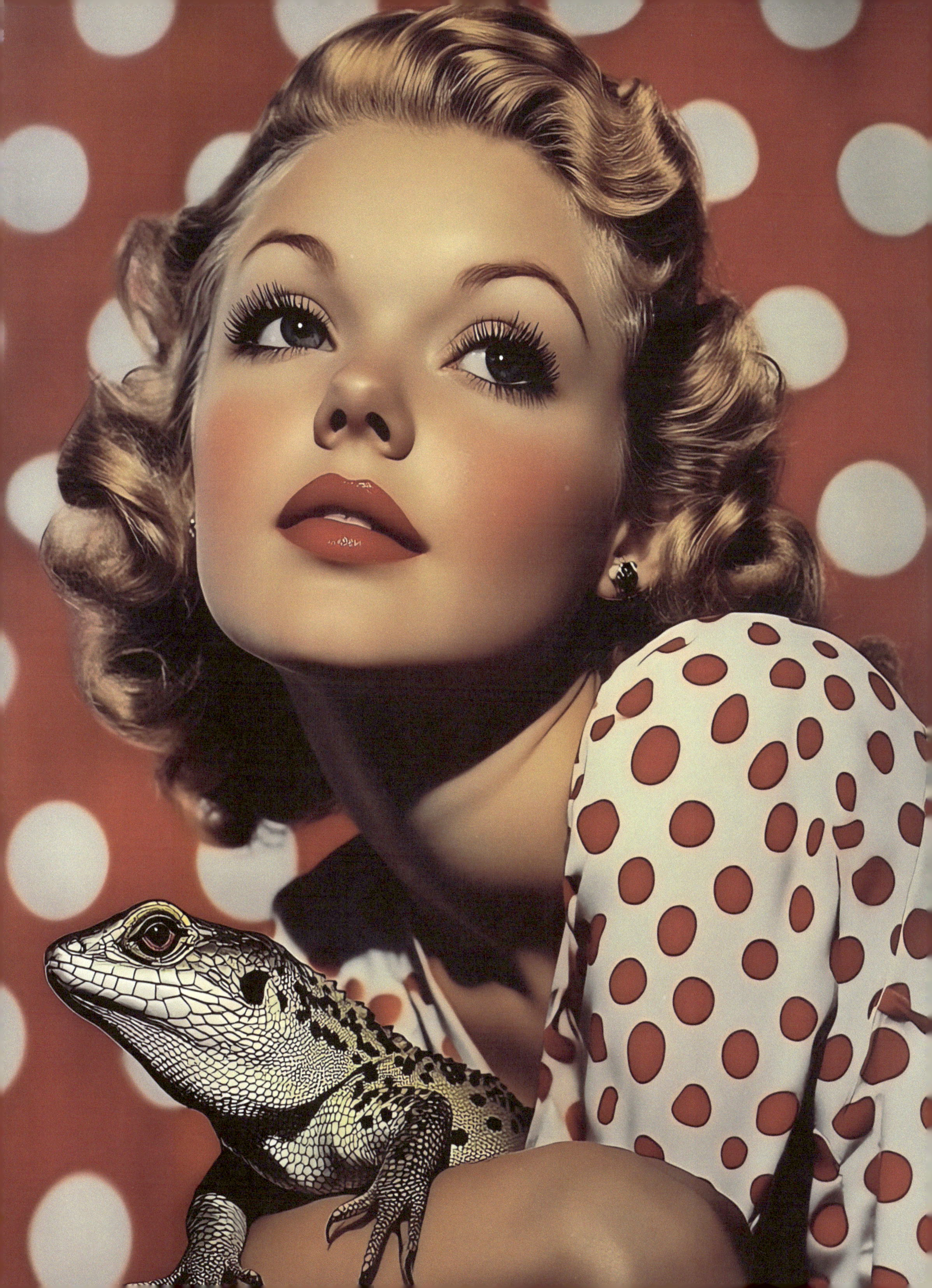

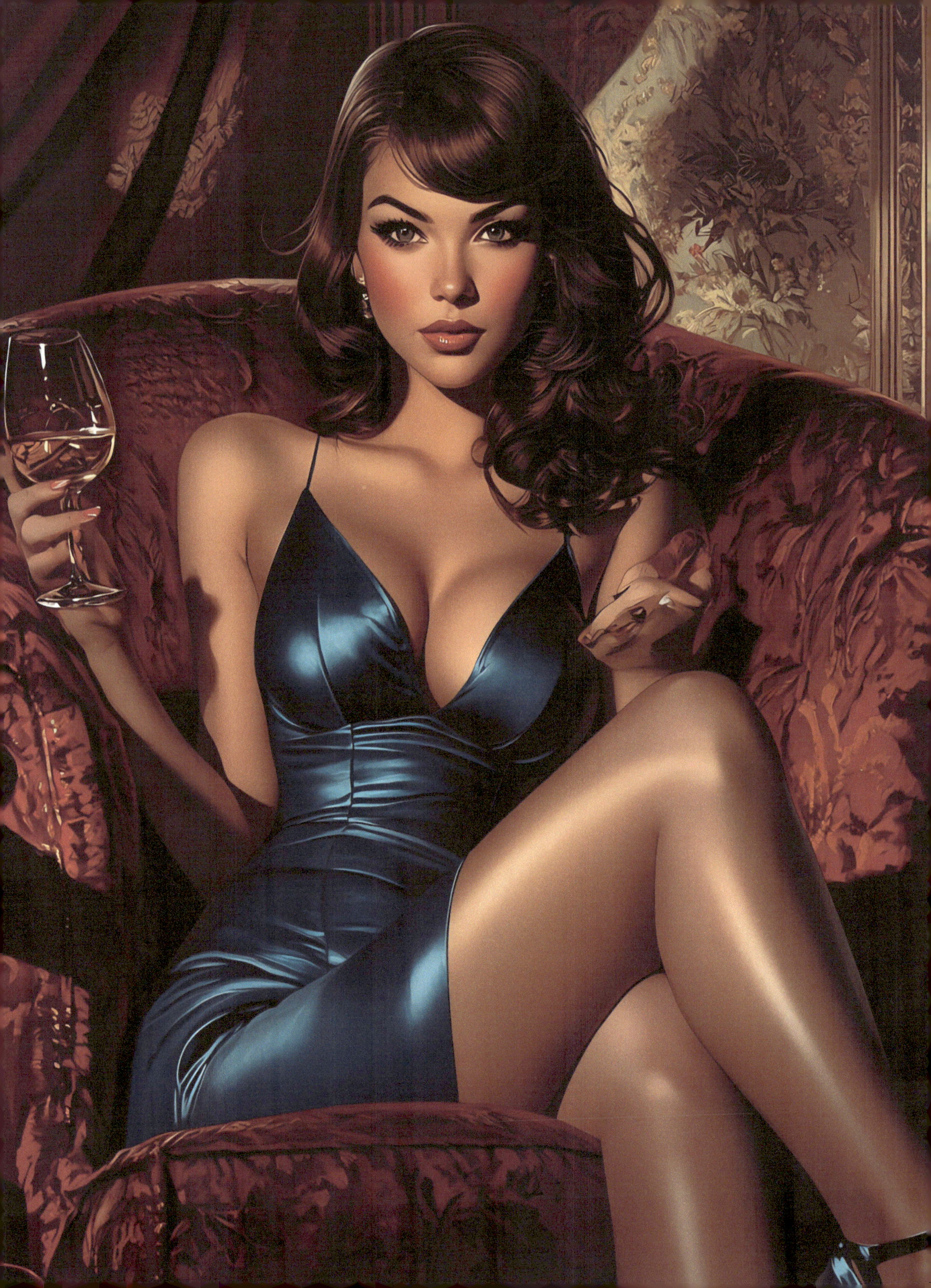

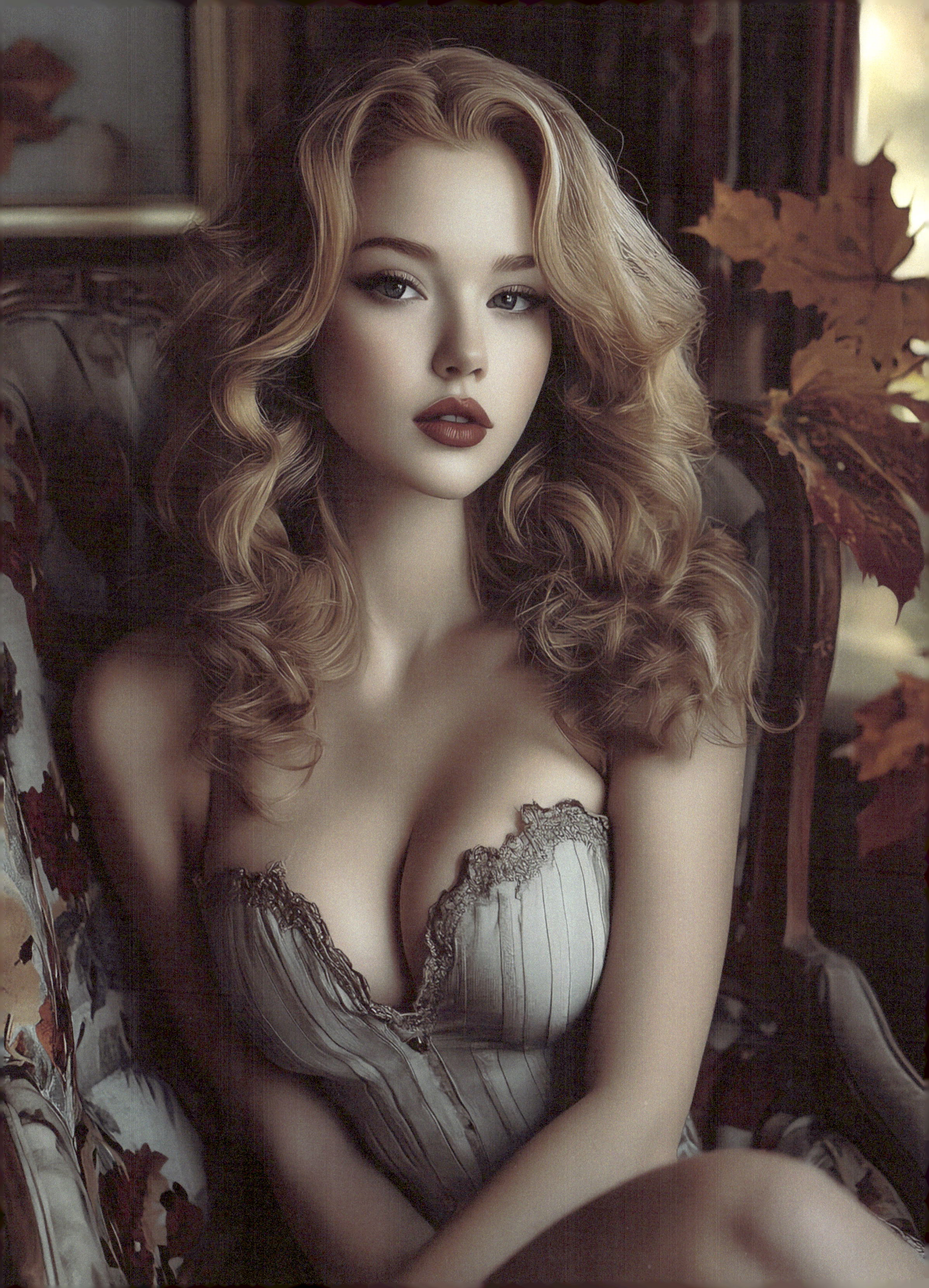

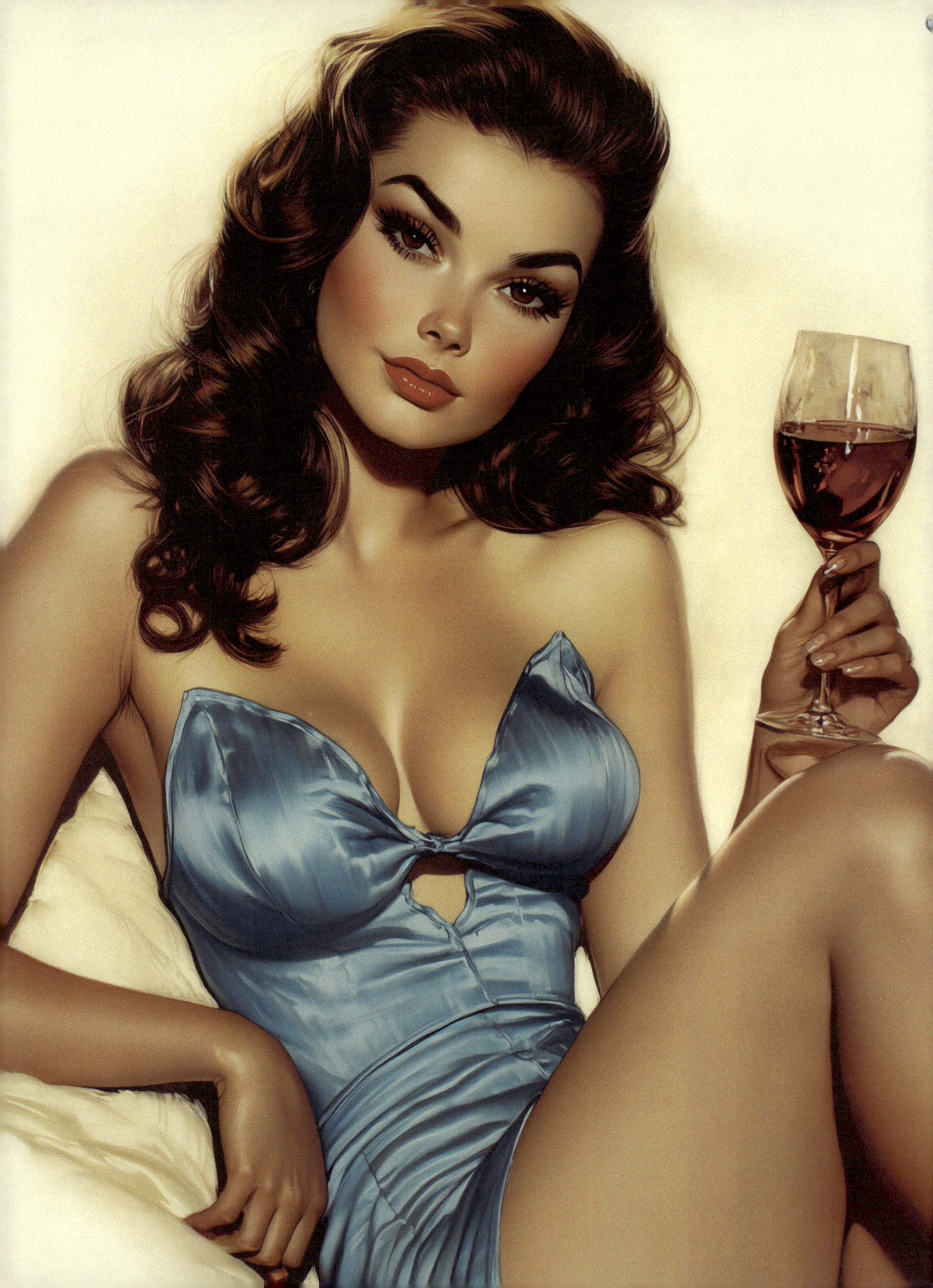

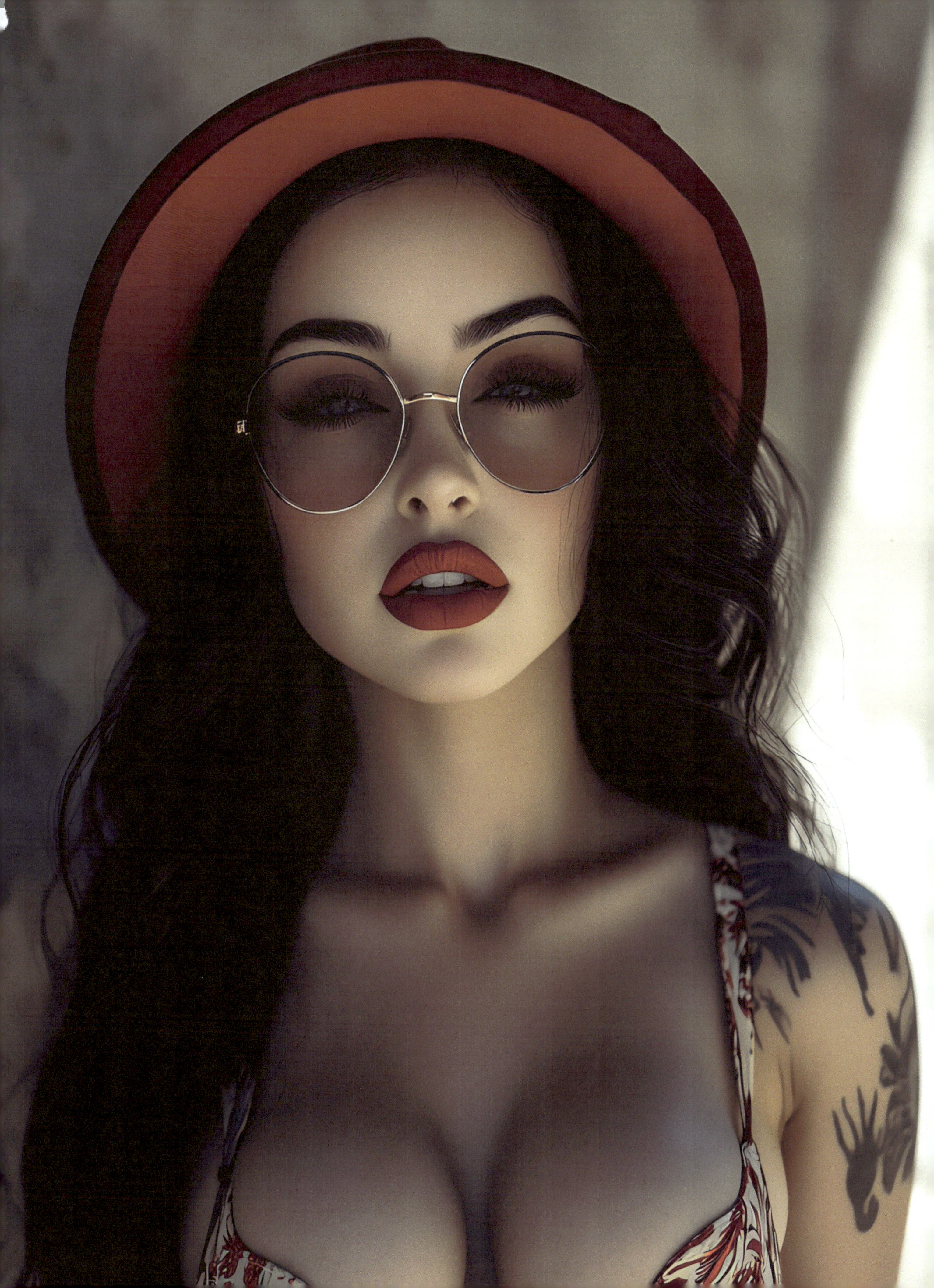

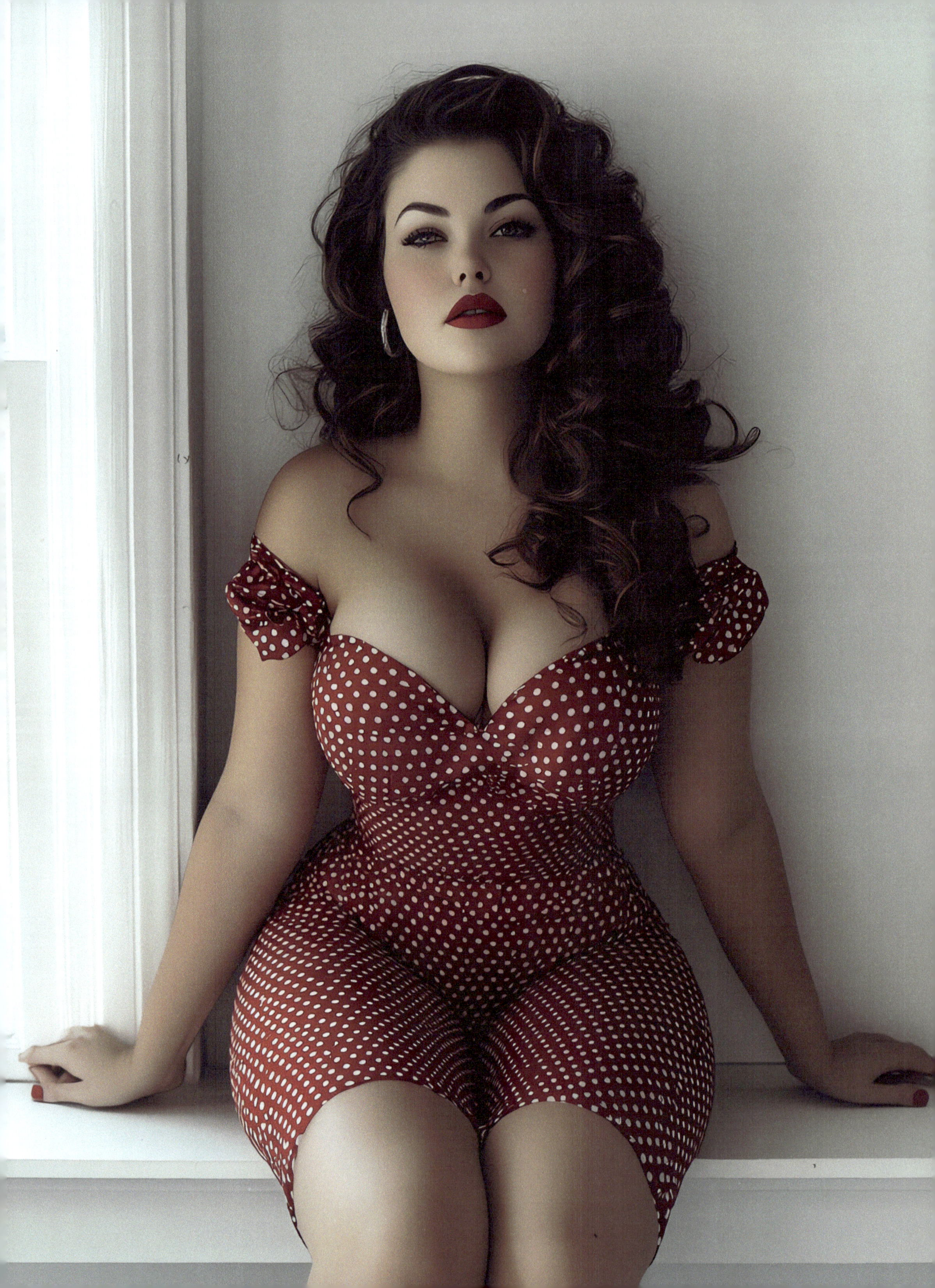

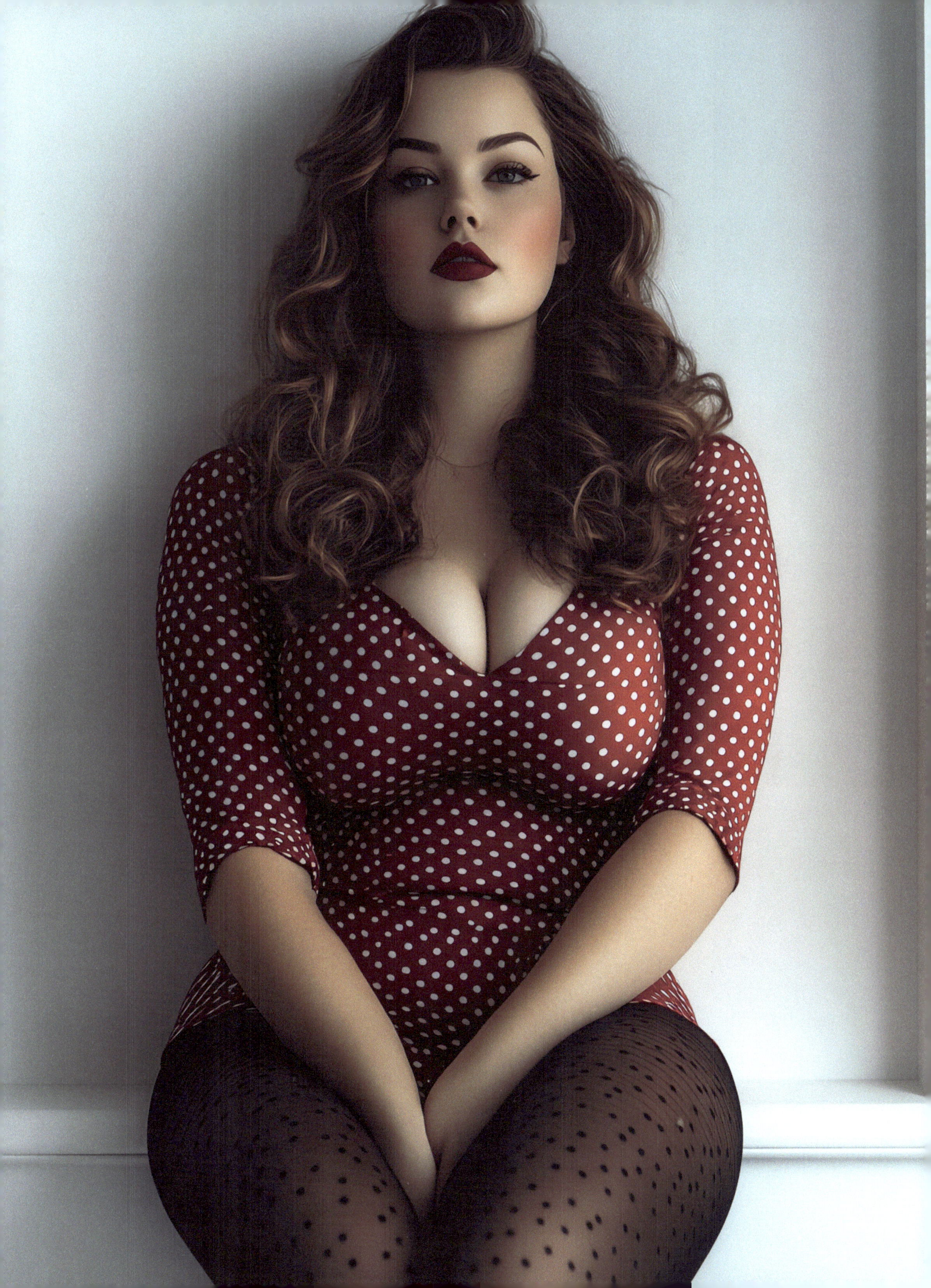

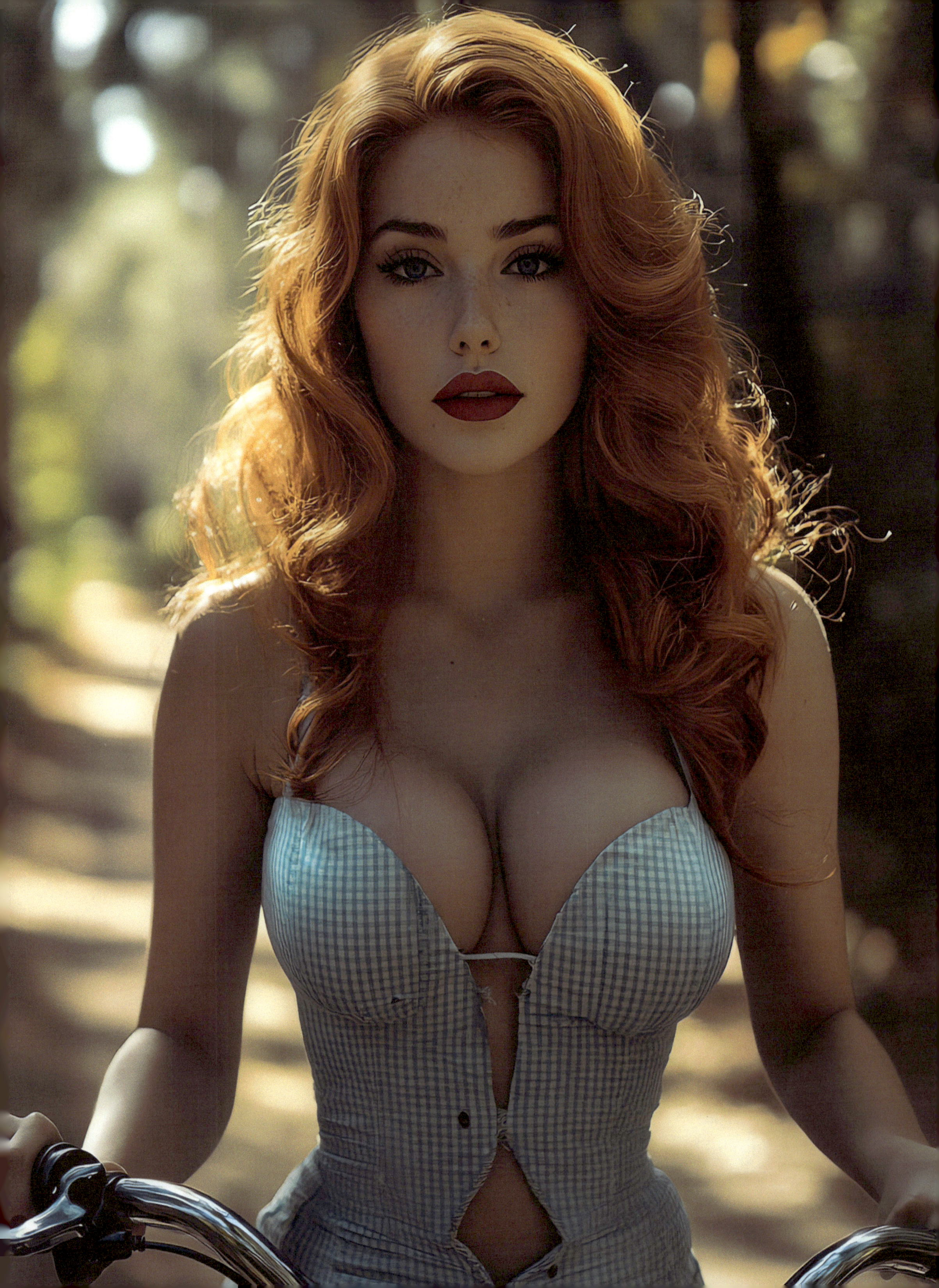

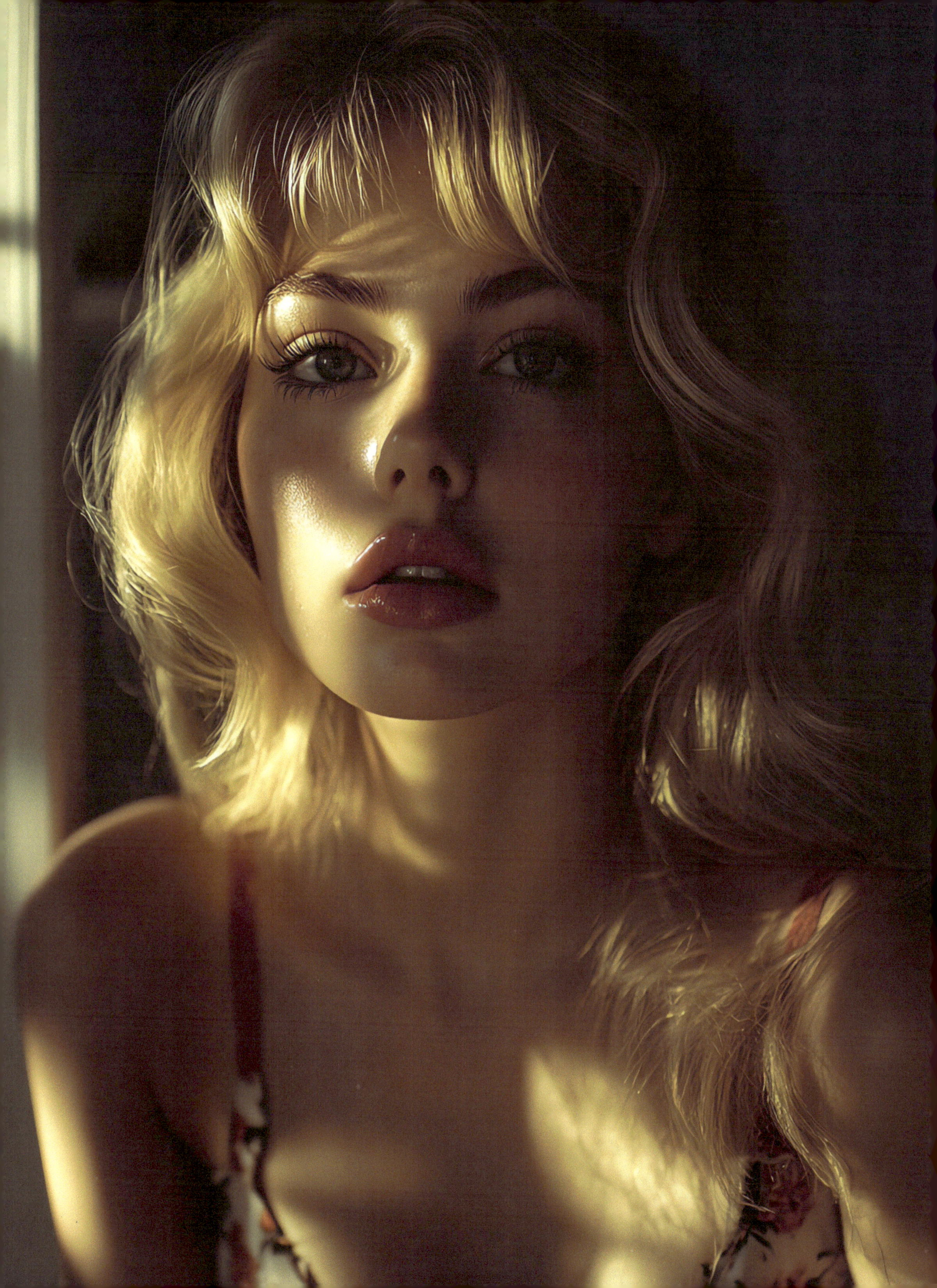

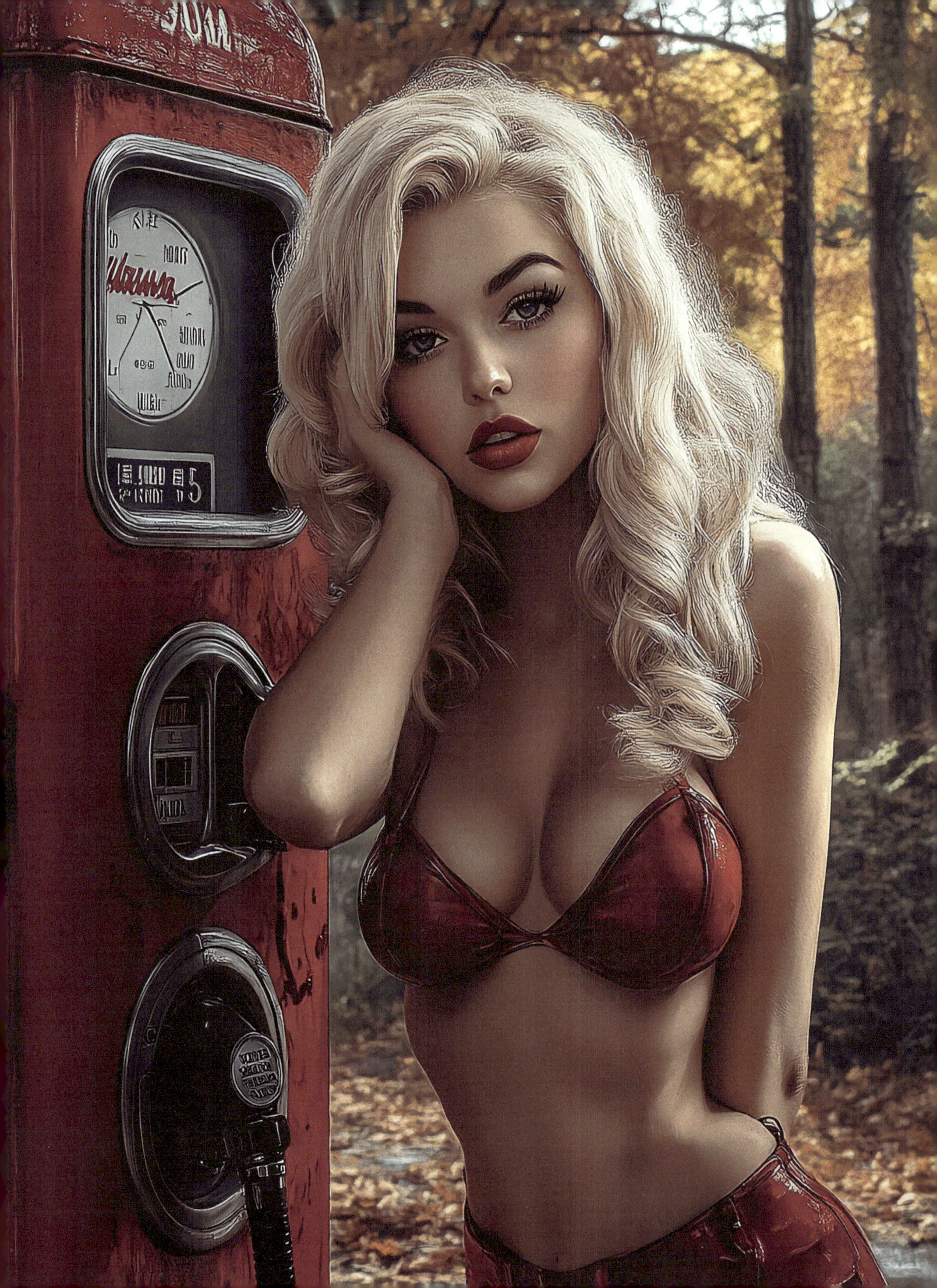

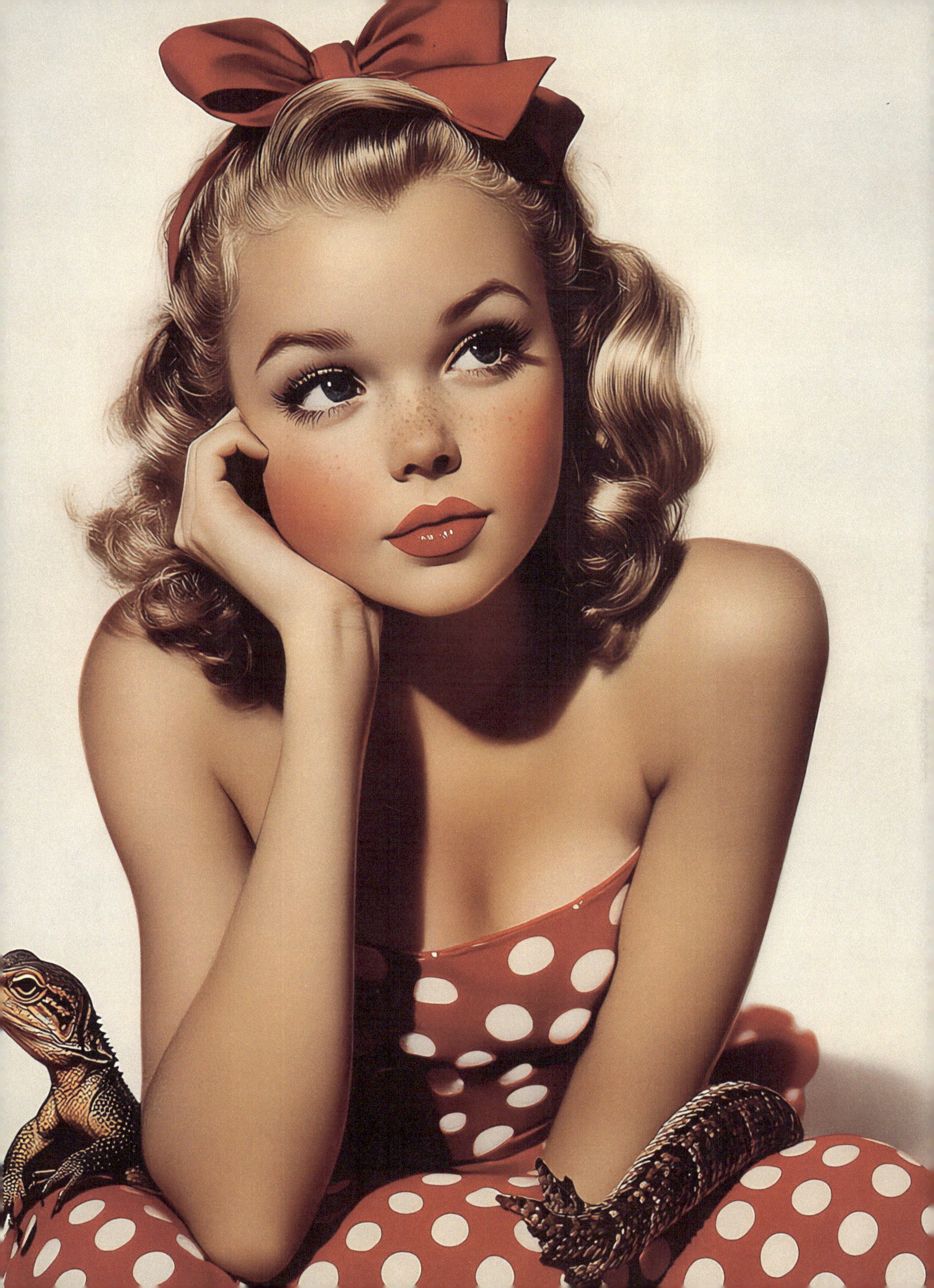

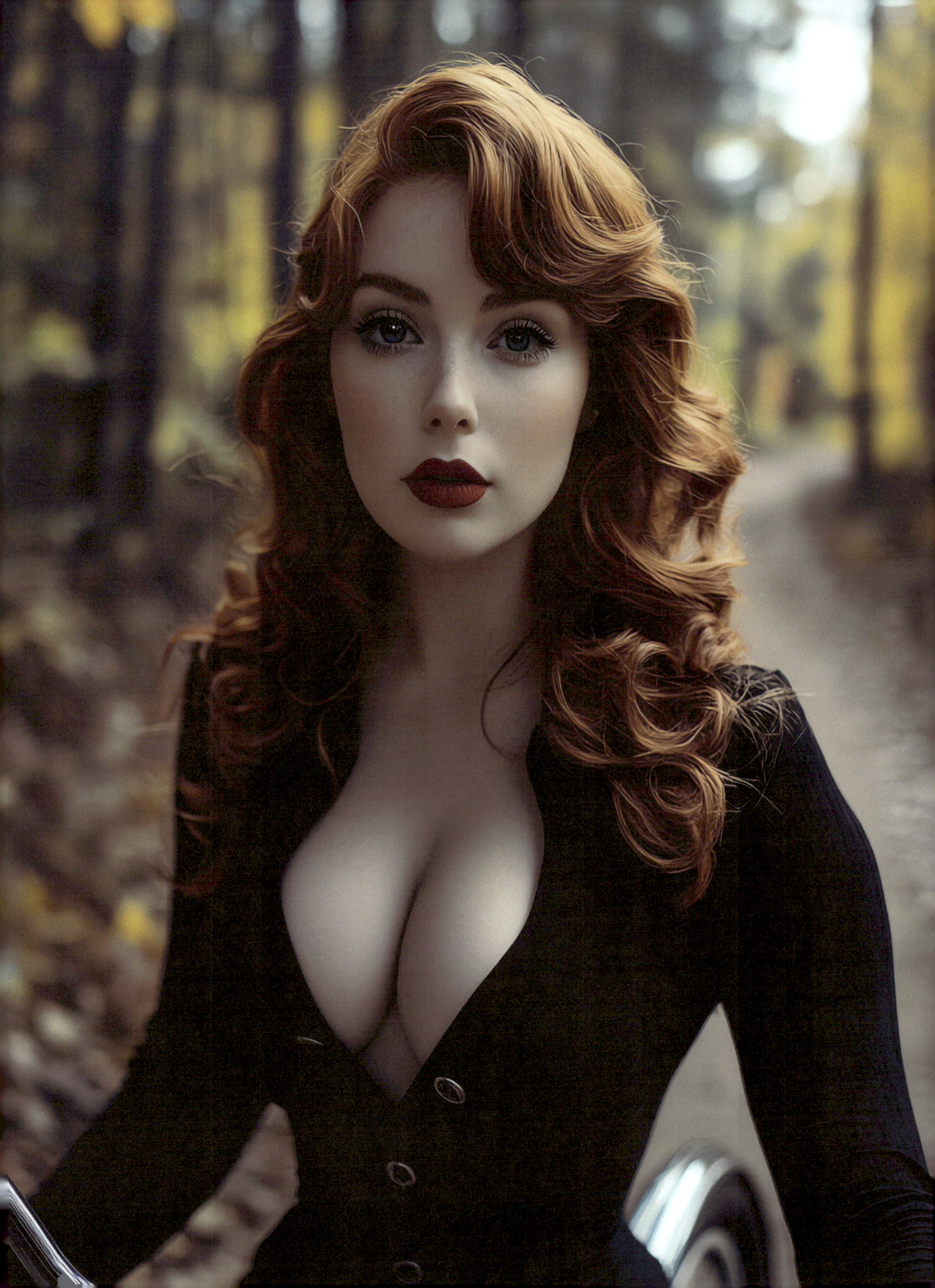

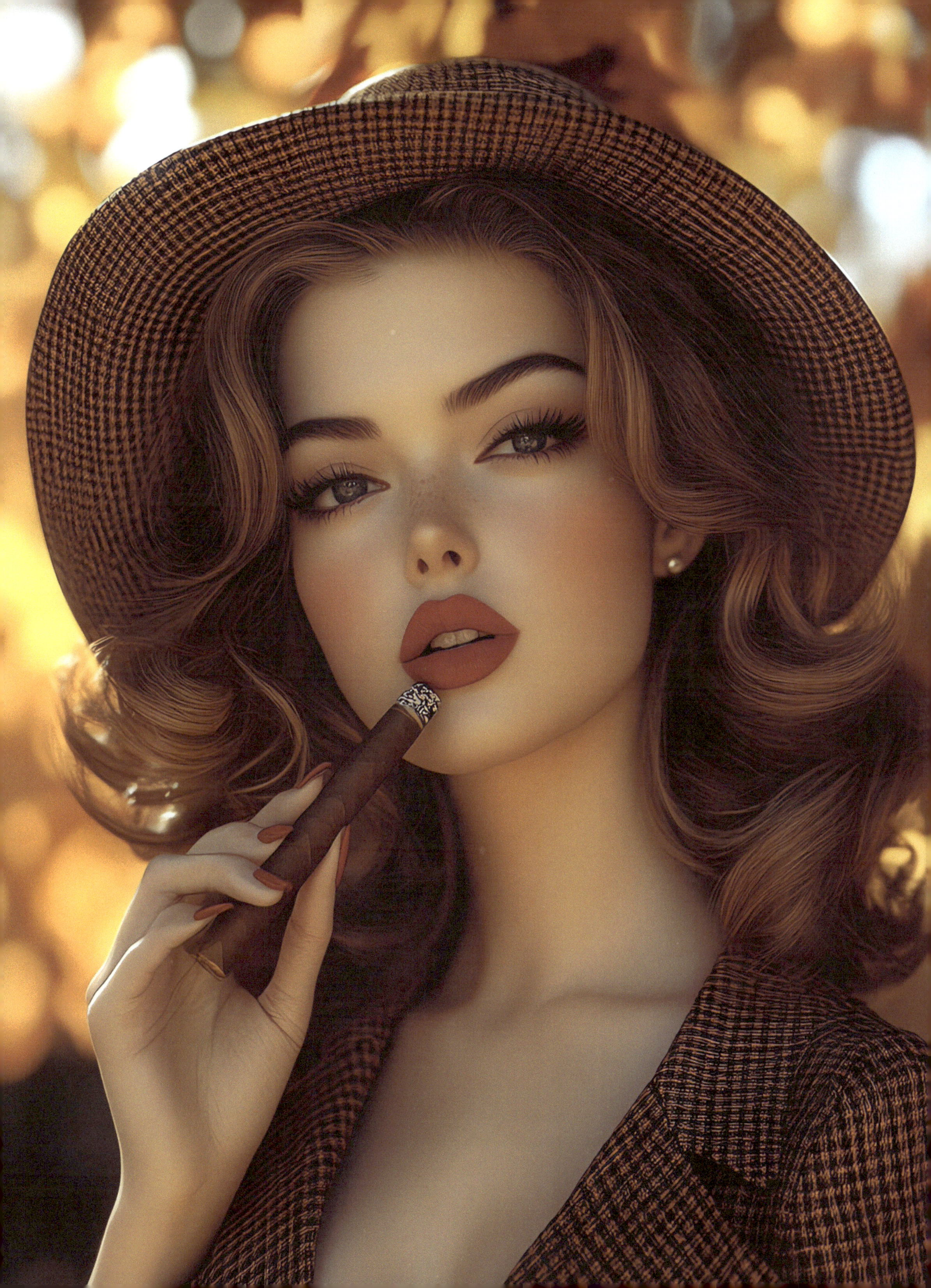

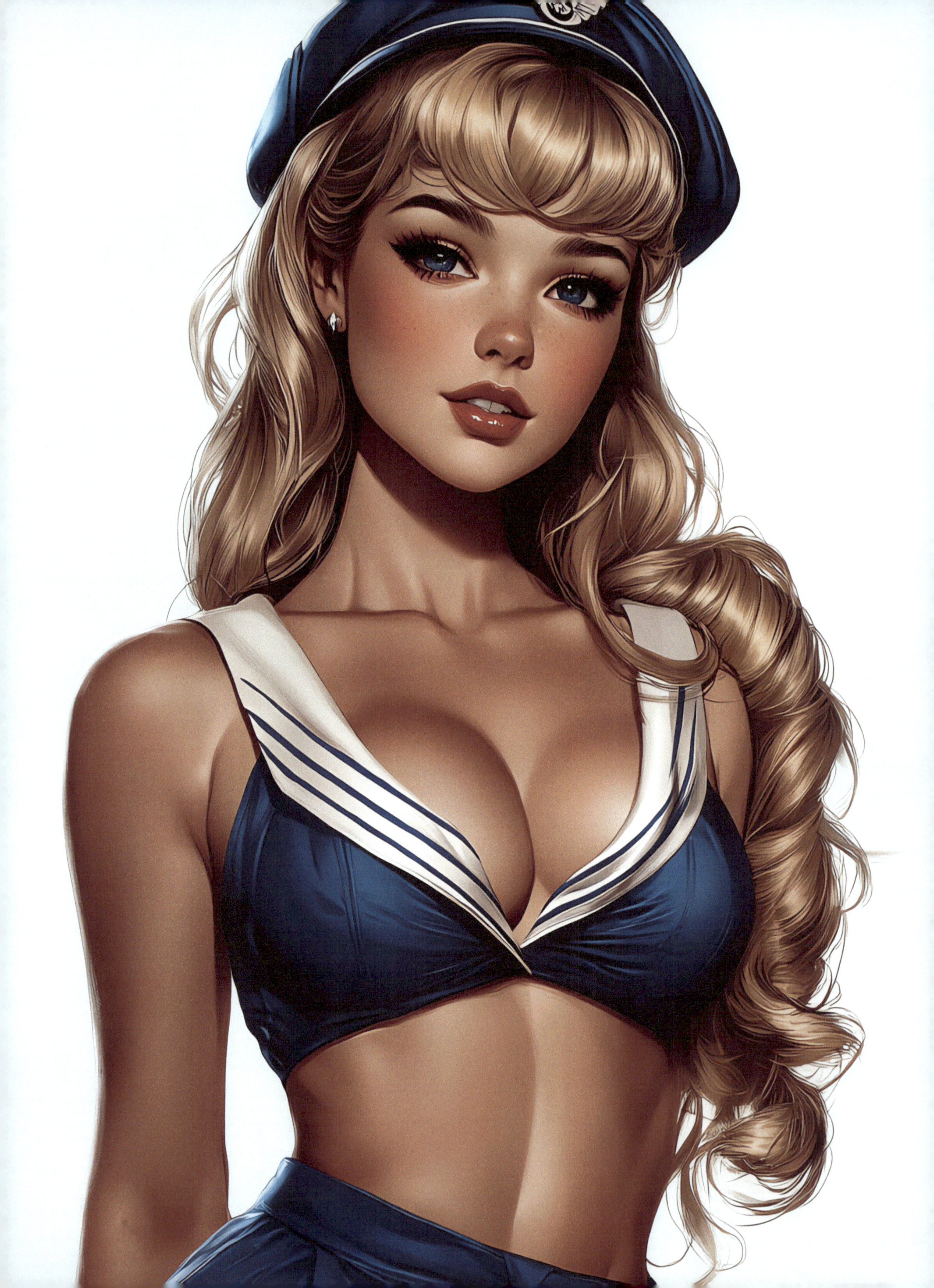

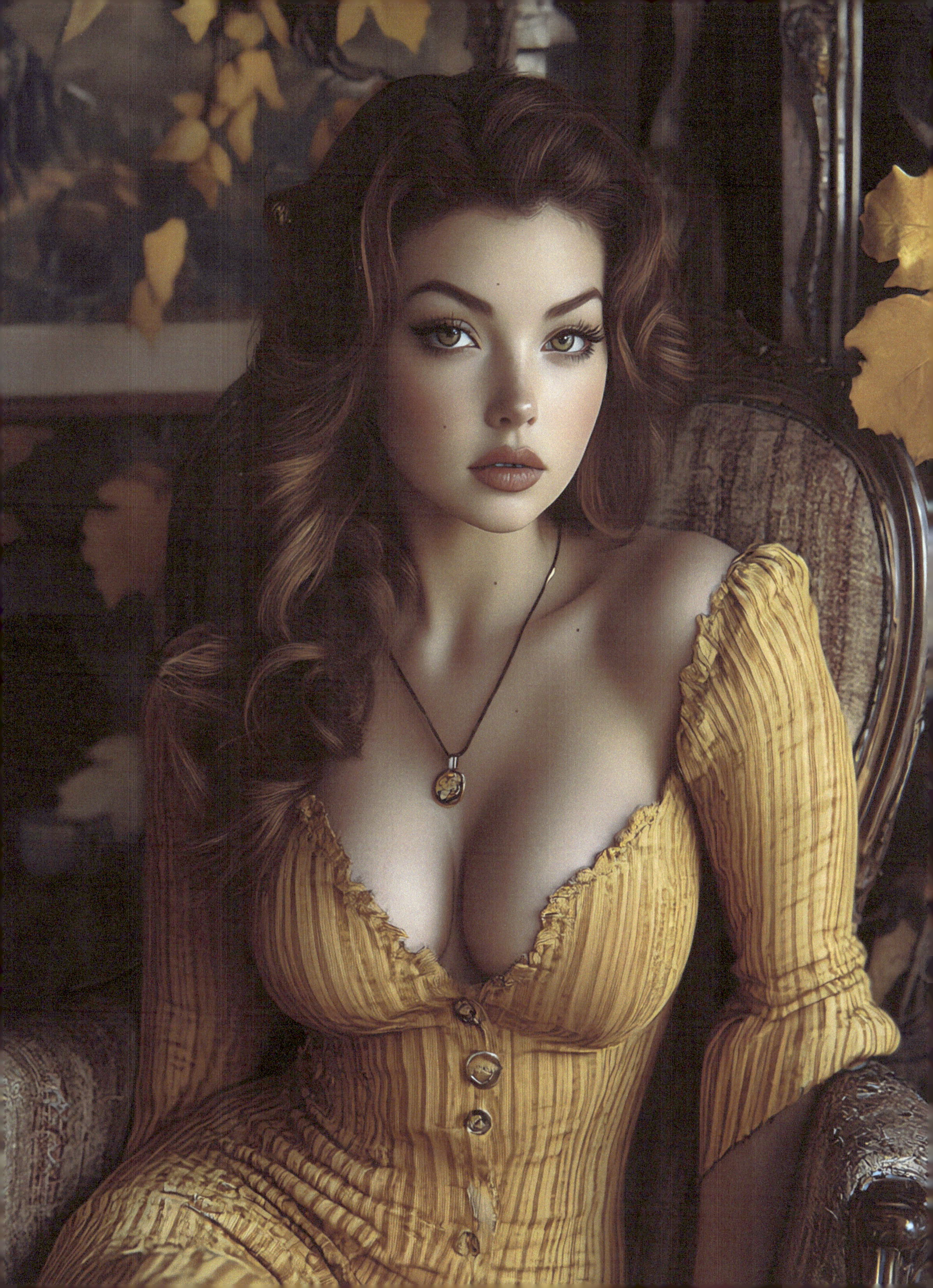

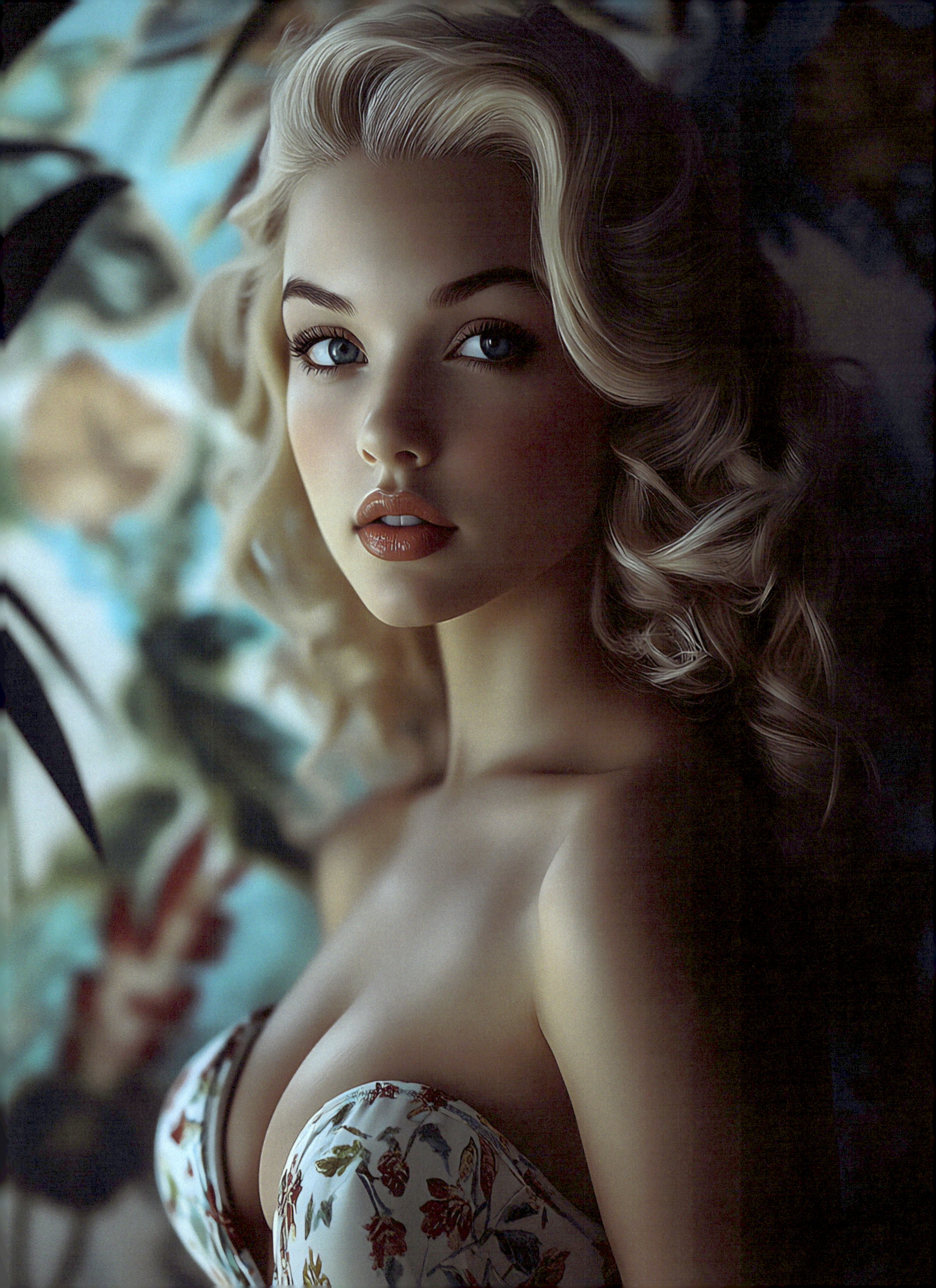

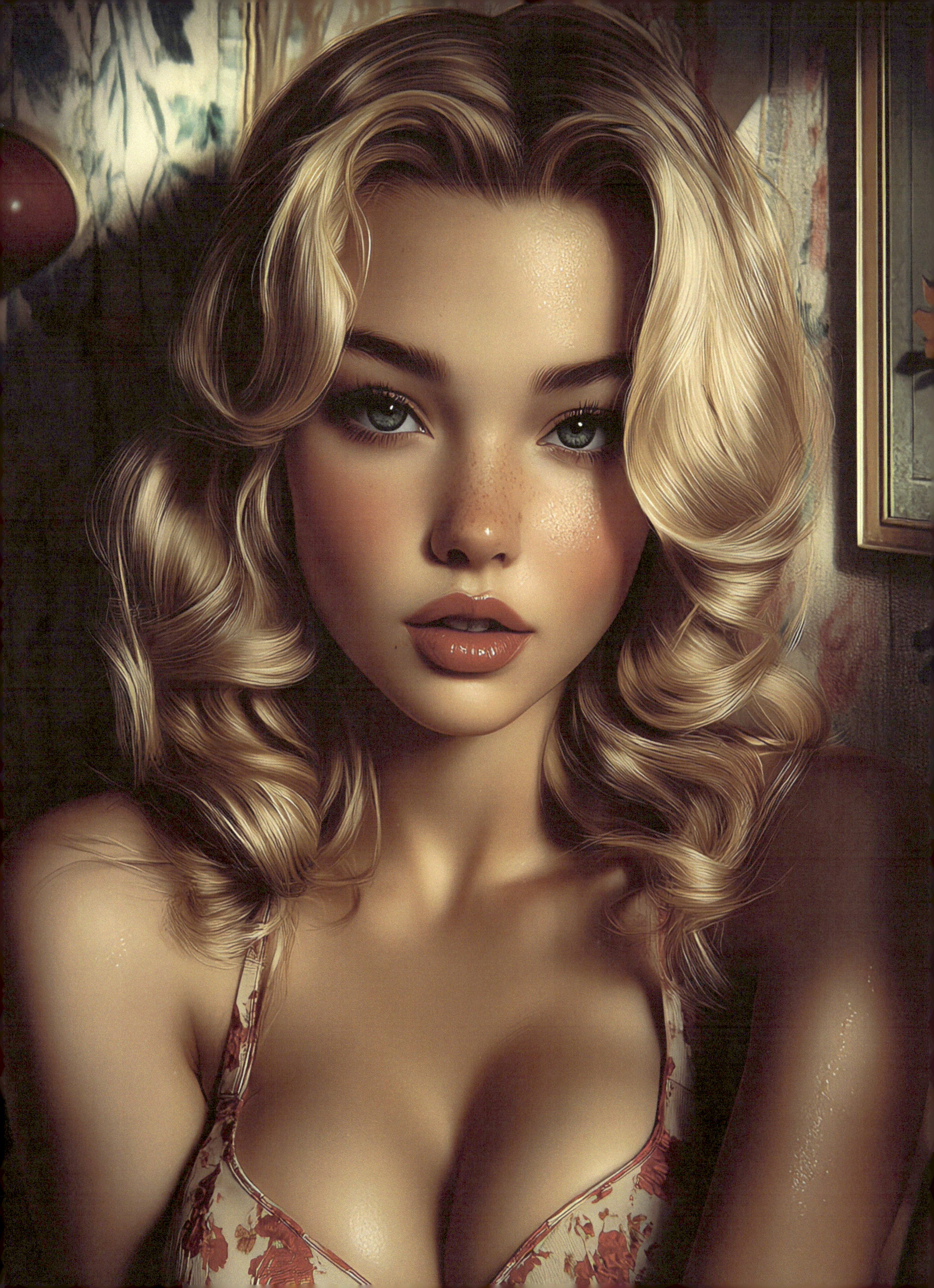

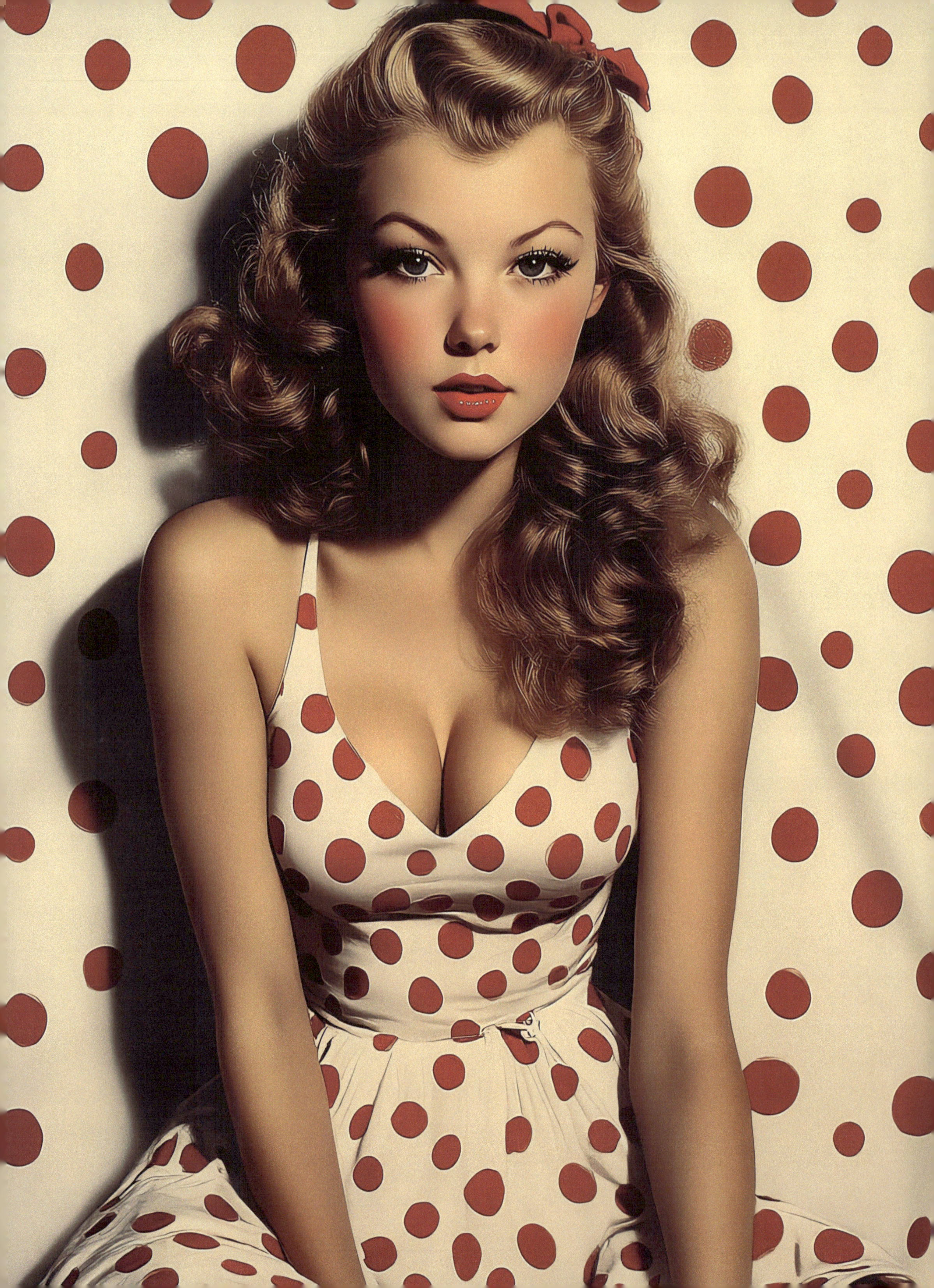

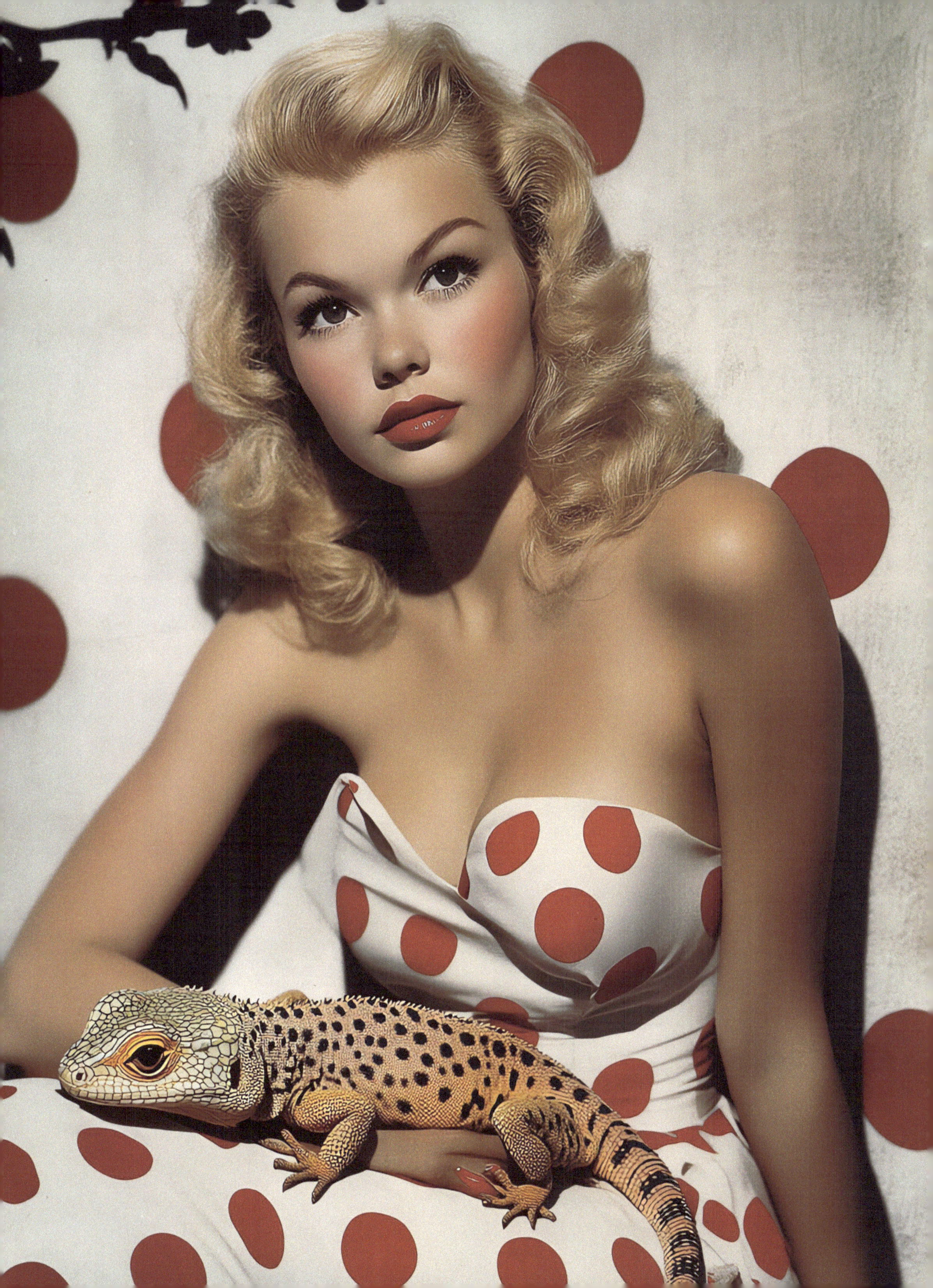

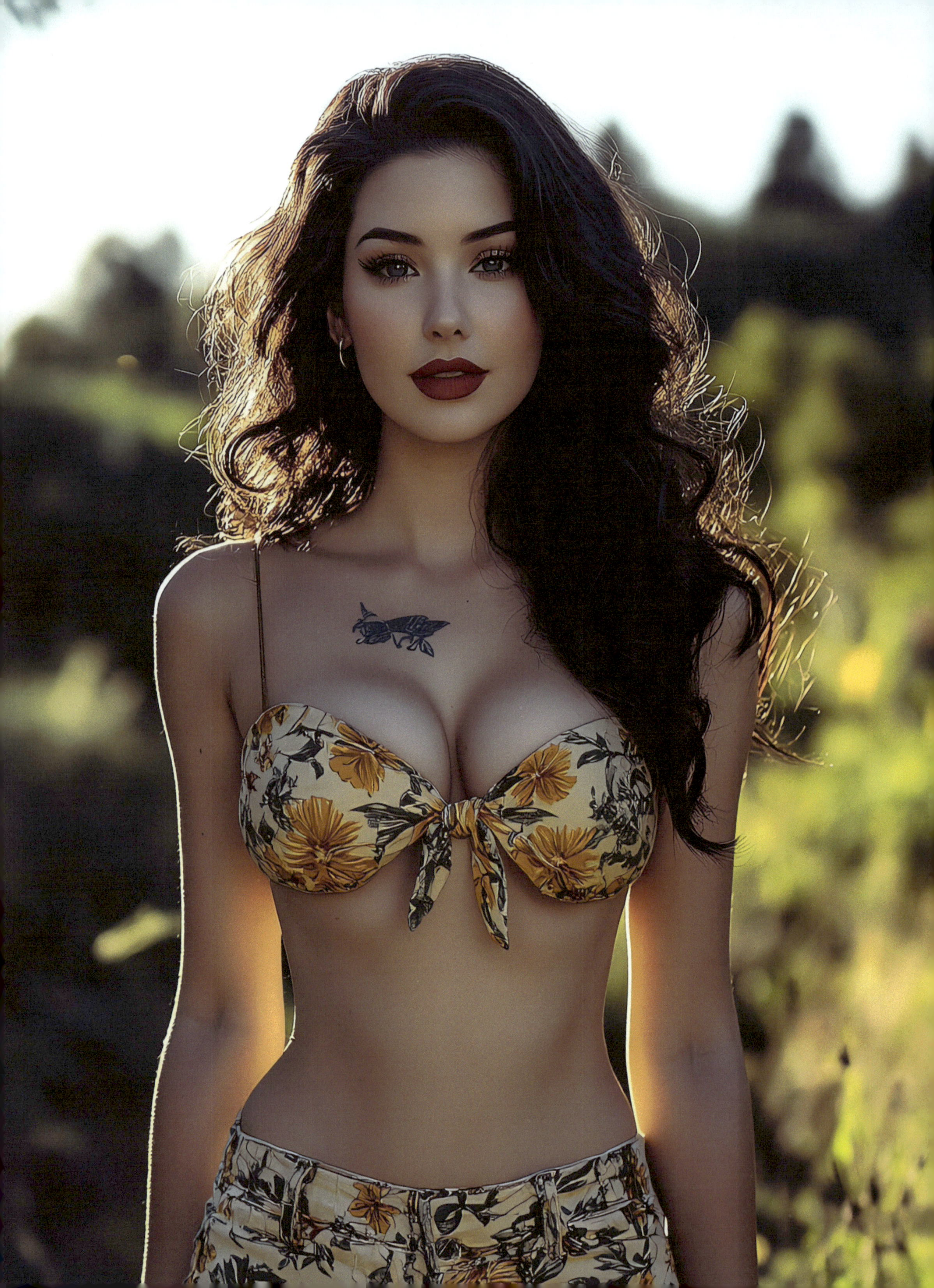

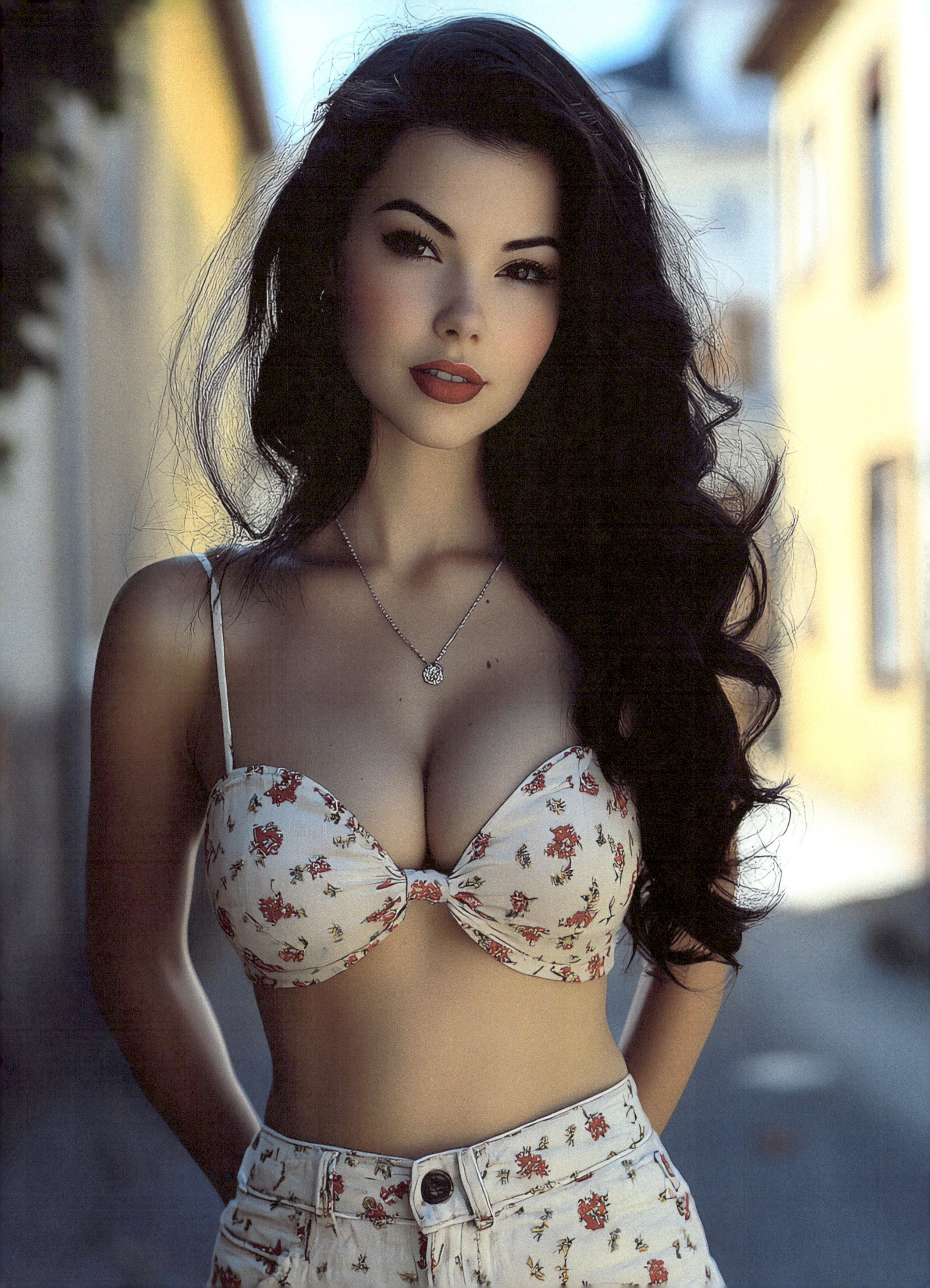

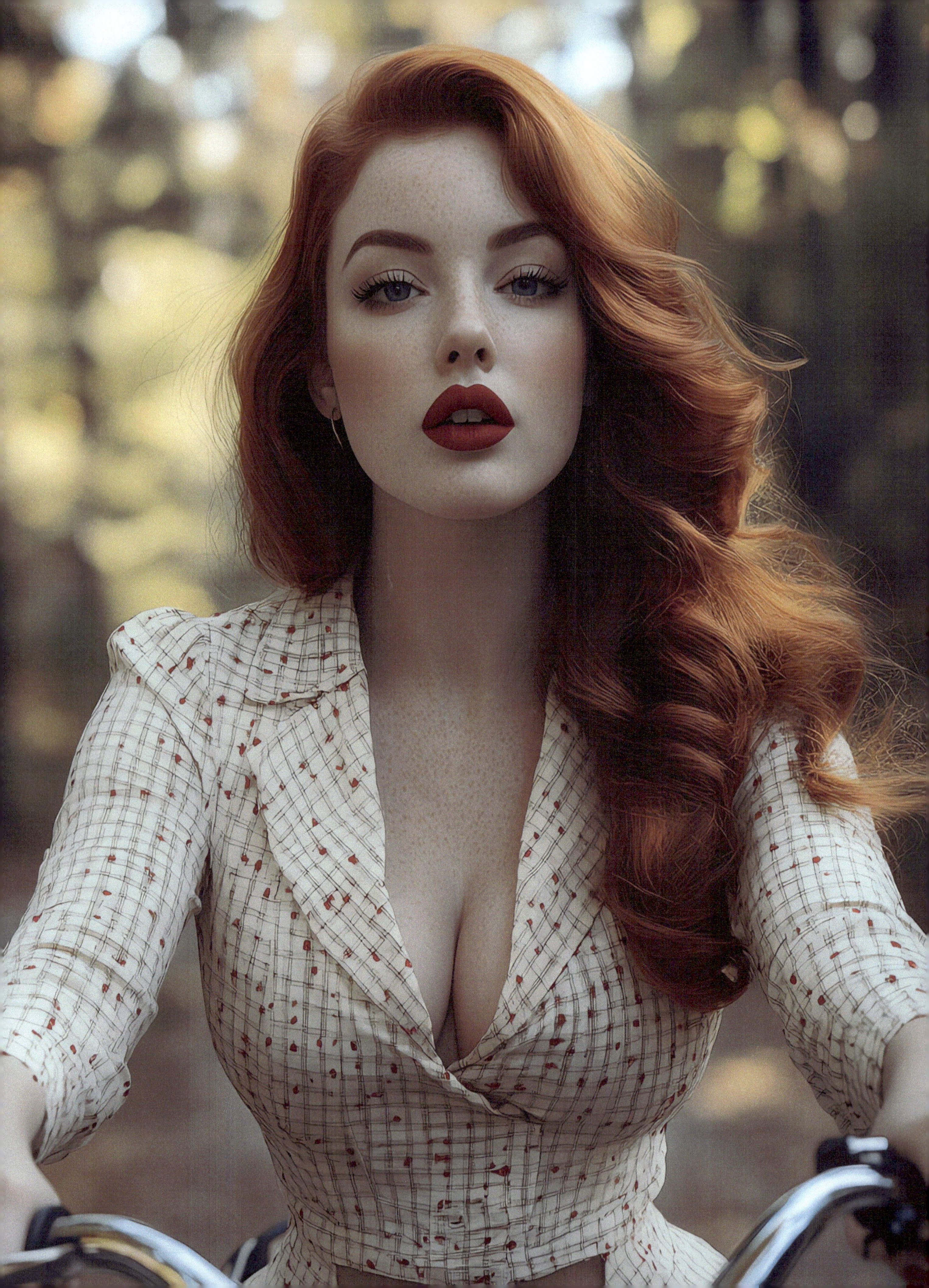

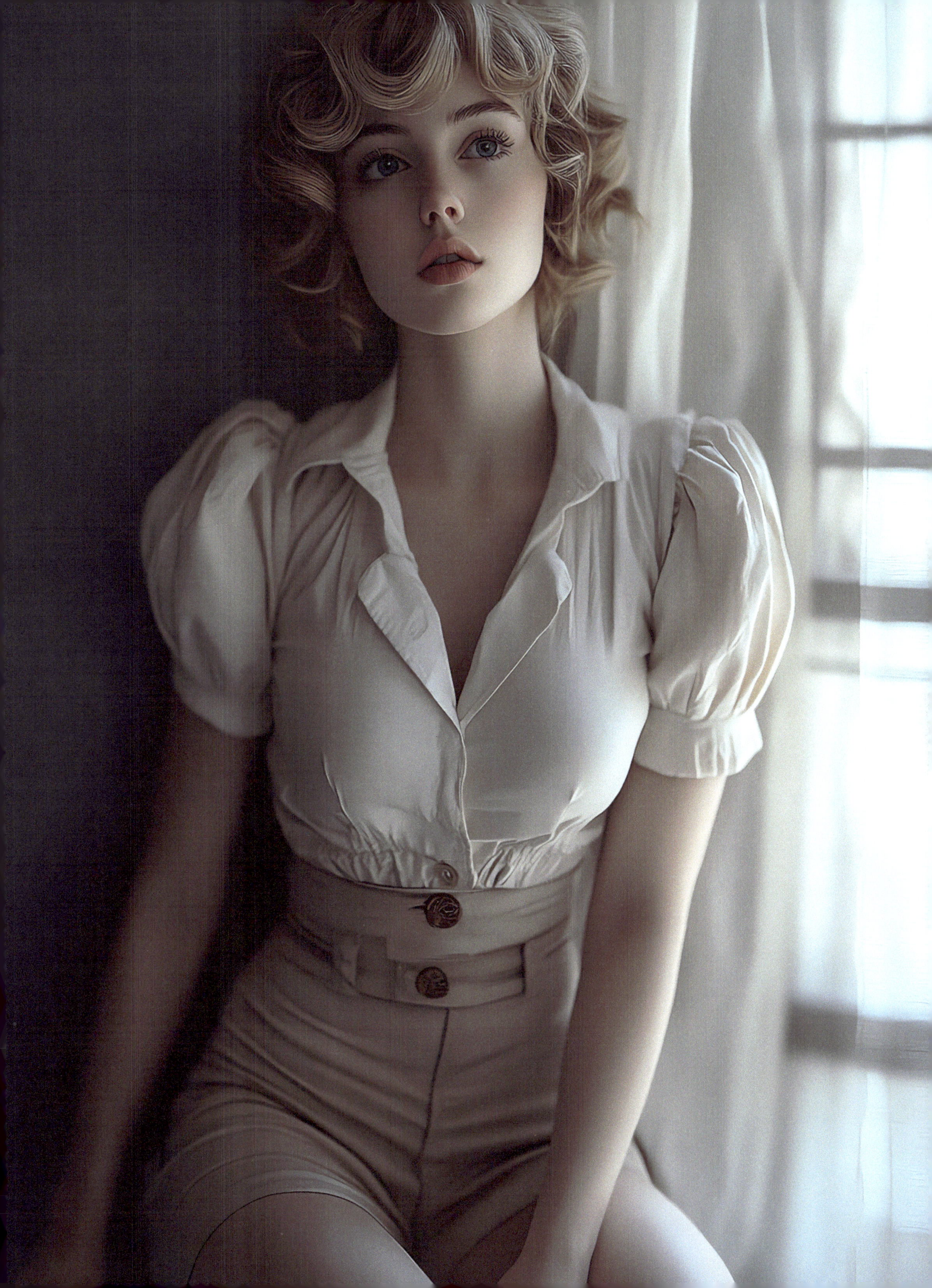

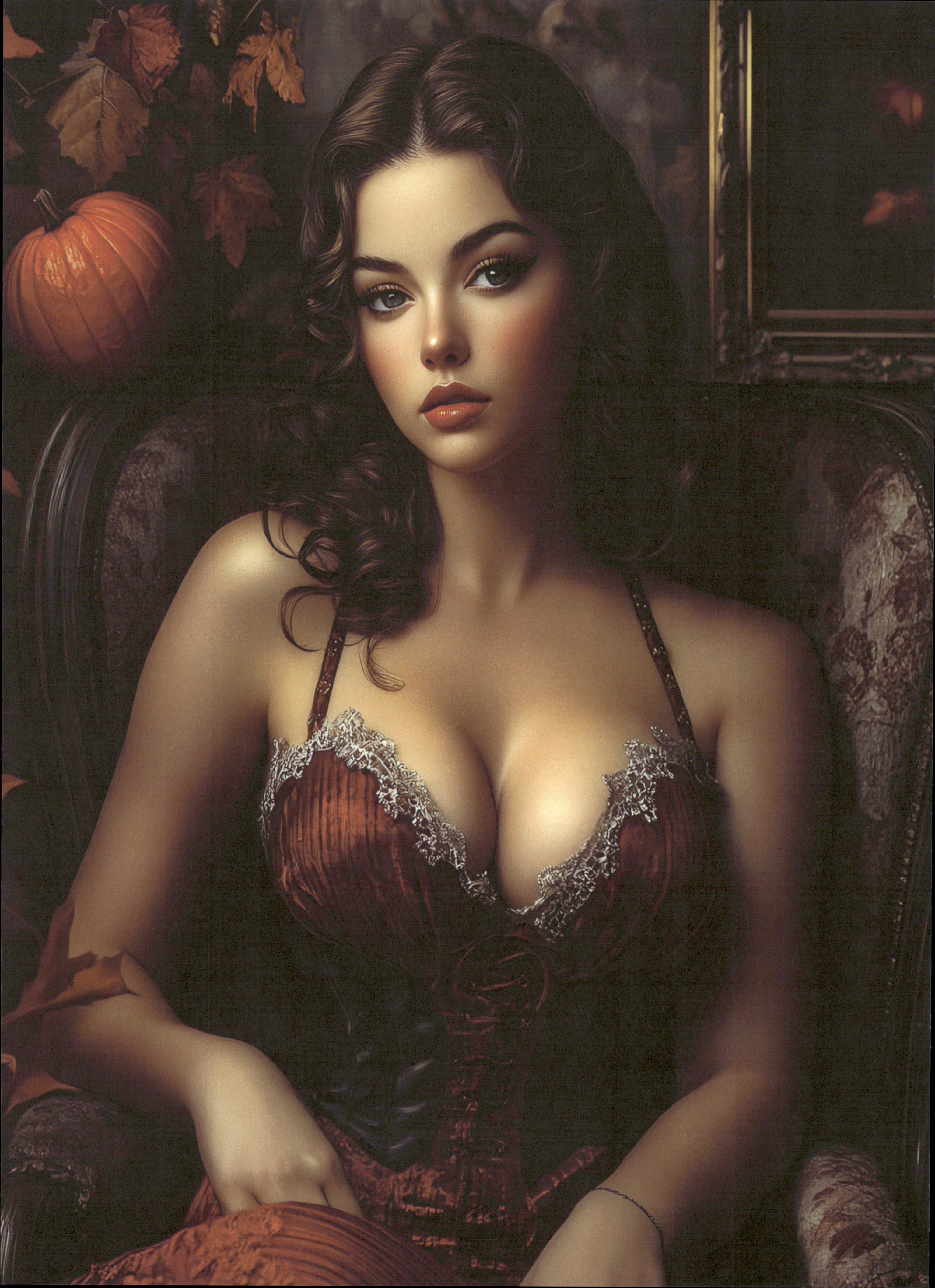

www.ingramcontent.com/pod-product-compliance
Lightning Source LLC
Chambersburg PA
CBHW040431220526
45473CB00004B/1409
* 9 7 9 8 3 0 1 2 3 4 8 6 6 *